DU MÊME AUTEUR

Dépasser le capitalisme (L'Harmattan, 2007).

Algérie, une mémoire enfouie (Denoël, 2003).

L'Europe contre la mondialisation (L'Harmattan, 1996).

Ils resteront, le défi de l'immigration (Syros, 1987).

5-7, rue de l'École polytechnique, 75005 Paris

http://www.harmattan.fr

ISBN : 978-2-343-13201-3
EAN : 9782343132013

Mondialiser la gauche

Gérard FUCHS

Mondialiser la gauche

L'Harmattan

SOMMAIRE

TROISIÈME PARTIE
Réguler la mondialisation est possible

QUATRIÈME PARTIE
Les acteurs existent pour le changement

INTRODUCTION

Cela fait longtemps que j'ai en tête d'écrire ce livre, au moins depuis le début du quinquennat de François Hollande en 2012.

Pour la première fois, j'avais entendu un leader socialiste évoquer pendant sa campagne « la finance », c'est-à-dire le cœur de la mondialisation libérale qui a commencé à prendre le gouvernement de notre planète depuis les années soixante-dix. Pour la première fois j'avais découvert un François Hollande combatif, y compris ensuite, lors de sa confrontation télévisée avec Nicolas Sarkozy, à la veille du second tour des Présidentielles.

J'ai espéré alors, à l'automne 2012, un discours Churchillien adressé au peuple de France, expliquant la réalité du monde dans lequel notre pays et l'Europe se trouvaient de plus en plus immergés, les contraintes que cela engendrait, mais aussi les chemins qui étaient imaginables pour que l'amélioration des conditions de vie des hommes, de tous les hommes et pas seulement d'une minorité de privilégiés, redevienne la priorité .

Mon attente fut vaine et, faute de vision stratégique et d'une création d'espérance génératrice de mobilisation populaire, la politique de compromis avec les contraintes financières fut poursuivie. Et je me mis à craindre pour la Gauche en 2017, une défaite comparable à celle de 1993 !

Une bonne partie de ma vie a été dédiée à la politique et les concessions ne me choquent pas ! Tout compromis exprime un rapport de force et le bon politique est celui qui sait « jusqu'où on peut aller trop loin ». Ce n'est d'ailleurs pas un socialiste mais un communiste qui a dit, il y a longtemps, qu'« Il fallait savoir terminer une grève » !

Mais quand les concessions s'accumulent depuis des décennies, depuis 1983 en fait, même assorties de quelques réelles avancées progressistes, arrive un moment où il faut se poser des questions sur la stratégie suivie et sur l'évaluation des forces qui nous entravent : c'est tout le débat autour de la mondialisation, débat que la gauche française n'a jamais réussi à conduire à son terme. On peut même soutenir que ce débat, elle ne l'a jamais vraiment engagé !

Mon inquiétude était donc déjà grande depuis pas mal de temps quand deux décisions, finalement avortées mais quand même sérieusement envisagées, m'ont véritablement décidé.

La première était celle du Premier Ministre de la fin de l'été 2016, concernant une interdiction d'une manifestation syndicale dont la CGT était l'un des organisateurs. Le motif évoqué était le risque que des « casseurs » ne créent des désordres qui soient reprochés au gouvernement. Ce risque était tout à fait réel compte tenu d'exactions commises dans les semaines précédentes. Mais d'un autre côté, le professionnalisme du service d'ordre de la CGT n'est plus à démontrer (j'en ai fait moi-même l'expérience en 68 !) et la Confédération n'avait aucun intérêt à laisser dégénérer la manifestation ! Enfin, même s'il y avait malgré cela un risque, l'idée d'une manifestation syndicale interdite par un gouvernement de Gauche me paraissait inconcevable. Je ne devais heureusement pas être le seul à penser ainsi puisque la manifestation fut finalement autorisée…

La deuxième décision, celle d'introduire une possible déchéance de nationalité pour les binationaux, marqua pour moi une rupture. C'était idiot : quel terroriste, prêt à sacrifier sa vie, allait suspendre son projet d'attentat par crainte d'une telle menace ! C'était dangereux : cela risquait de solidariser avec les intégristes de l'Islam des centaines de milliers de jeunes nés en France, issus de familles maghrébines et souvent binationaux. C'était enfin une transgression majeure de la vision de la France portée par la Gauche et la République depuis des siècles : celle d'une citoyenneté qui résultait du lieu de naissance, du Droit du sol, et pas seulement du Droit du sang ! Le jour de l'annonce j'ai envoyé deux mails, l'un au Premier Secrétaire du PS, l'autre au Président du Groupe socialiste à l'Assemblée Nationale : si cette proposition devait aller à son terme, je renverrais une carte d'adhérent que je renouvelais régulièrement depuis 1974 !

Là encore bien sûr, je n'ai pas été le seul porteur de cette réaction. Mais quelque chose cette fois avait cassé avait en moi ! Compte tenu d'abord des motifs personnels de mon adhésion à la Gauche : j'en dirai quelques mots plus loin. Mais surtout parce que, si je crois incontournables les compromis, ils me paraissent acceptables sur tout, sauf sur les valeurs ! Et j'ajouterai : surtout, surtout, quand la situation est difficile : c'est alors plus que jamais que la Gauche doit affirmer son identité !

Alors, à la fin de l'année 2016, j'ai compris que la Gauche de gouvernement, ma famille, n'allait pas vers une défaite du type de I993 mais vers un véritable rejet, et cela quel que soit le candidat aux Présidentielles qu'elle arriverait à se trouver !

Alors j'ai commencé à écrire des bouts de ce livre, ceux qui n'auraient pas à être changés quelle que doive être la gravité du résultat des élections à venir. Et puis, le 19 juin, je me suis mis véritablement au travail, sur la base des quatre convictions qui fondent ma vision de l'avenir et qui sont devenues les intitulés naturels des quatre parties de ce livre :

- La gauche ne peut pas mourir.
- La mondialisation est irréversible.
- Une mondialisation régulée est possible.
- Les acteurs existent pour le changement.

Ces convictions sont le fruit d'une expérience de vie associative, syndicale et politique qui m'a conduit à parcourir le monde. Elles sont les fruits d'une méthode, datée mais toujours actuelle, et d'un objectif qui sera toujours à atteindre :

- la méthode : « Je suis pessimiste avec l'intelligence mais optimiste par la volonté » (Gramsci, entre 1926 et 1937) ;
- l'objectif : « Faire progresser le respect de la dignité humaine ».

PREMIÈRE PARTIE

La Gauche ne peut pas mourir

CHAPITRE 1

Au-delà d'un soir de déroute

Lundi 19 juin 2017 : le Ministère de l'Intérieur a rendu public ce matin ses derniers résultats des élections législatives. Ils ne surprennent pas : 308 sièges pour « La République en Marche » (Ils seront finalement 314), qui a ainsi à elle seule une majorité des 577 sièges de l'Assemblée Nationale ; 42 sièges pour ses alliés du MoDem (Ils seront finalement 47) ; 137 pour la Droite, qui s'est un peu ressaisie mais va se diviser dans les jours qui suivent entre un groupe de « Constructifs » de 35 membres et un groupe « Les Républicains » de 100 membres ; 71 sièges pour l'ensemble d'une Gauche divisée comme jamais depuis le « Programme commun » de 1972, divisée entre un groupe « Nouvelle Gauche » formé de 31 socialistes pas nécessairement d'accord entre eux, un groupe « La France Insoumise » de 17 députés, un groupe « Gauche démocrate et républicaine » de 16 députés, essentiellement communistes ; enfin, une dizaine d'élus et pas de groupe pour L'Extrême Droite : le grand reflux après les presque 34 % des Présidentielles !

Au-delà de ces résultats, inimaginables il y a un an, apparaissent d'autres chiffres sans précédents dans l'histoire de notre République : plus de 57 % d'abstentionnistes, près de 7 % de votes blancs et 3 % de votes nuls parmi ceux qui sont allés voter, soit au total seulement 38,43 % des français et des françaises à s'être exprimés, parmi ceux qui pouvaient aller aux urnes pour choisir leur député(e), à peine un peu plus d'une personne sur trois !

Une « déroute » pour le Parti socialiste ! Le mot est dur, il est de son Premier Secrétaire, non sans raisons : 28,63 % des voix exprimées au premier tour des Présidentielles de 2012 ; 6,36 à celles de 2017 ; un groupe de 292 parlementaires en 2012, d'au mieux 31 en 2017 ! Mais le reste de la Gauche n'a pas lieu de se réjouir pour autant de ce plongeon : la Gauche toutes composantes confondues, de l'Extrême Gauche aux écologistes, n'a su rassembler que 28,33 % des exprimés, soit 13.48 % des électeurs possibles : ce n'est pas avec ce niveau d'adhésion que l'on peut changer une société !

Si l'on regarde vers l'avenir cependant, l'« optimisme par la volonté » aidant, on peut aussi se dire que le nouveau Président de la République, dont personne ne peut contester la légitimité, n'a été lui-même choisi que par 43,61 % des français. Cela signifie pour moi qu'un espace politique continue d'exister pour une Gauche capable de se rassembler à nouveau, à la fois autour de ses valeurs communes – cela me parait assez facile –, autour d'objectifs communs – cela sera ne me parait pas impossible -, autour surtout d'une stratégie partagée pour le changement : cela renvoie à la raison d'être de ce livre, cela renvoie à une analyse de la place de la France dans le monde tel qu'il est réellement : c'est un travail sur soi à accomplir, à mes yeux incontournable, mais dont je ne me hasarderai pas à prédire la durée !

Pour commencer cependant, je veux déjà expliquer pourquoi le talent indiscutable de notre nouveau Président n'a pas suffi à me convaincre. Je n'ai jamais cru aux positionnements « ni Droite, ni Gauche » : du fait de mon observation et de mon analyse du réel d'abord, du fait de mon expérience que tous ceux qui enfourchaient ce slogan finissaient le plus souvent par « tomber à Droite » ensuite. Je reconnais que la formule « et à Droite et à Gauche » est plus subtile : elle ne permettra pas pour autant d'éviter les choix révélateurs : ceux qui favorisent l'ordre établi plutôt qu'un ordre plus juste ; et je prédis, pour une large majorité de ceux qui ont fait de la deuxième formule leur drapeau, y compris avec sincérité, la dérive vers le même point de chute que celui des défenseurs de la première !

Je pense par ailleurs que la « déroute » évoquée plus haut est le résultat inévitable d'un double déni :

- **Le déni de la mondialisation et de son irréversibilité d'abord** : ce qui ne veut pas dire que sa régulation au bénéfice du plus grand nombre n'est pas possible mais encore faut-il vouloir essayer : ce sera l'objet principal des propositions de ce livre.
- **Le déni des souffrances de ceux que la mondialisation libérale en cours a laissé au bord du chemin ensuite** : une large partie du monde ouvrier, une large partie de notre monde rural aussi. Comprendre comment une telle coupure entre dirigeants politiques de la Gauche et ses bases naturelles a pu s'établir, proposer des modalités de rétablissement du contact, est pour moi une condition essentielle de toute reconstruction.

Un mot enfin sur l'engagement politique : on peut être de Gauche par tradition familiale, on peut se reconnaitre en elle à la suite d'un choc de sa vie. Mais que l'engagement conduise à une indignation, un refus, une révolte ou une insoumission, arrive un moment où la question doit se poser : « On fait comment pour changer le monde tel qu'il est ? ». Les révolutions existent, mais elles sont rares et il me semble que, même voire surtout pour les plus impatients, le changement par la voie électorale doit, quand cette voie est praticable, être considéré comme une stratégie prioritaire.

CHAPITRE 2

La fin de la sociale démocratie

La sociale démocratie a vécu. Ce fut une grande idée, née en Europe d'un double et pertinent refus : le refus d'abord de l'exploitation du monde ouvrier par un capitalisme naissant, étendant progressivement ses règles et ses valeurs à l'ensemble des citoyens des sociétés où il se mettait en place ; le refus ensuite, après le schisme de 1919-1920 avec les communistes, de la stratégie de passage par des régimes autoritaires, édifiés en théorie pour permettre un épanouissement plus rapide de tous, mais dérivant inévitablement vers des totalitarismes où la notion de liberté individuelle s'estompait de façon durable.

La disparition de l'exploitation des salariés était vue par la sociale démocratie comme un processus progressif d'élargissements des droits, des travailleurs bien sûr mais aussi de l'ensemble des citoyens, et citoyennes. Cet élargissement pouvait résulter et de luttes sociales et de victoires électorales, dans des proportions dépendant des périodes et des pays.

Les moments clé du siècle passé pour notre pays sont bien connus : le Front populaire en 1936, où les deux aspects se sont succédés ; la mise en œuvre du programme de la Résistance en 1945 ; le mouvement de mai 68, terminé par une victoire électorale écrasante de la Droite…

qui n'a pas osé cependant mettre en cause des avancées sociales obtenues ; la victoire électorale de la Gauche en 1981, conduisant à la mise en œuvre d'une large majorité des mesures sociales prévues par le « Programme commun ».

Dans la mesure où la sociale démocratie voulait des progrès sociaux entérinés par des institutions et des lois, son cadre d'action naturel était celui des Etats démocratiques, où pouvaient être actées de nouvelles règles. Cela ne l'empêchait pas de se vouloir internationaliste, consciente qu'elle était qu'une victoire dans un seul pays, contre un système qui se voulait global, ne pouvait que demeurer fragile si les Etats environnants demeuraient par trop différents : le maintien de le 2ème Internationale après la scission de l'Internationale Communiste en 1919, était une manifestation de cette conviction, partagée par les partis et les syndicats réformistes européens et américains

Les programmes des différents acteurs sociaux-démocrates européens, des pays nordiques aux pays méditerranéens, illustraient cette démarche duale, avec des objectifs nationaux situés dans des perspectives continentales, et même mondiales au fur et à mesure que la décolonisation faisait émerger sur la planète des acteurs nouveaux, confrontés aux mêmes problèmes et aux mêmes choix.

Puis vint le moment des premières difficultés stratégiques. En France, il arriva en mars 1983, deux ans après l'élection de François Mitterrand et on l'appela « la parenthèse de la rigueur » (d'aucuns, plus lucides, parlèrent dès le début de « tournant »).

Que se passait-il ? En apparence, rien d'inhabituel en pareille situation pensèrent au début beaucoup de responsables de la Gauche. Le gouvernement de Pierre Mauroy avait procédé comme prévu à une forte hausse du SMIC et mis sur les rails une politique de relance keynésienne traditionnelle, afin de faire reculer un chômage qui n'avait cessé de croître depuis 1974 ; les nationalisations envisagées étaient progressivement mises en œuvre, entrainant des fuites de capitaux et des attaques sur le franc : le phénomène, déjà vu en 1936 et avant, de la réaction du « mur de l'argent » pensèrent certains.

Sauf qu'en y regardant de plus près, en fait, rien ne se passait comme annoncé.

L'augmentation du pouvoir d'achat des moins favorisés conduisait bien à une hausse de la demande…mais celle-ci se portait peu sur les productions de l'industrie nationale et beaucoup sur des produits importés, déséquilibrant le commerce extérieur de la France et renforçant les attaques déjà inquiétantes contre notre monnaie. Le franc se trouvait en effet déjà sous pression depuis 1981 et il ne s'agissait plus là des conséquences du passage en Suisse des valises de billets des « deux cents familles » mais de l'apparition d'acteurs nouveaux, par trop ignorés de la Gauche, les « marchés », s'inquiétant des politiques non orthodoxes annoncées – c'était déjà grave- et qui plus est mises en œuvre – cela devenait carrément intolérable ! Deux dévaluations en Octobre 81 et Juin 82, la menace croissante d'une troisième et, malgré les efforts du ministre des finances de l'époque Jacques Delors, il ne restait plus en mars 1983 que deux options : la sortie du Système Monétaire Européen, qui encadrait les variations du cours des monnaies des pays membres, ou la réorientation des politiques de notre pays. Après de longs débats stratégiques, internes et externes, le Président François Mitterrand choisissait la deuxième option, qui devait créer au sein de la Gauche française une fracture qui n'a, aujourd'hui encore, pas été réduite. **Après s'être heurtée à plusieurs reprises au « mur de l'argent », la Gauche**

française se heurtait pour la première fois au « mur de la mondialisation libérale » et en demeurait étourdie !

*

* *

Rien ne se passait comme annoncé ? La formule est sans aucun doute trop forte et je suis bien placé pour en témoigner : deux cercles au moins n'avaient cessé de tirer la sonnette d'alarme : la mouvance de Michel Rocard et celle de Jacques Delors lui-même.

Du côté de Michel Rocard, l'analyse des risques économiques et financiers que faisait courir une mise en œuvre rapide des promesses du Programme commun était conduite depuis longtemps et sans complaisance. L'apparition d'un déficit important du commerce extérieur, d'une hausse de prix immaitrisable, de fortes attaques contre notre monnaie et, en conséquence, de mise en cause d'un Système monétaire européen pensé comme une première étape vers une monnaie unique européenne, élément de contrepoids possible du dollar : tout cela faisait partie depuis des années de débats internes du PS, auxquels je participais activement.

Avec le recul, je pense aujourd'hui que ce qui rendait cette analyse peu audible était qu'elle débouchait trop souvent sur une mise en cause du Programme commun de la Gauche, élément évidemment central de la stratégie de prise du pouvoir de François Mitterrand. J'étais moi-même sur ce plan parmi les plus mesurés : d'accord avec l'analyse des rocardiens les plus durs concernant le stalinisme et le fonctionnement interne du PC de l'époque ; mais considérant que les électeurs de ce parti et le plus grand nombre de ses militants représentaient une partie incontournable d'une coalition de Gauche.

La mise en minorité des rocardiens au Congrès de Metz en 1979 puis l'avortement en 1980 de la tentative de candidature aux Présidentielles de Rocard, avaient ensuite fortement diminué l'écoute du discours venant de ce côté.

Mais un autre cercle que je fréquentais assidument, celui de la Commission économique du PS, alors présidée par Jacques Delors, avait pris une sorte de relais : l'analyse des risques économiques et financiers était voisine mais ses conclusions excluaient les considérations politiques ; elles se concentraient sur des propositions d'étalement dans le temps de la mise en œuvre de certaines mesures : la hausse du SMIC, le passage à la retraite à soixante ans, le paquet des nationalisations.

Mais avec le recul là encore, je pense qu'il était trop tard. François Mitterrand candidat avait engagé une campagne vigoureuse et percutante sur tous ces thèmes, afin de recueillir un maximum de voix à gauche, de devancer le plus possible le candidat du PC pour éviter d'apparaître comme son otage et pouvoir ainsi gagner au second tour : la priorité était à la stratégie.

Au terme de ce bref rappel historique, je voudrais exprimer un regret et présenter deux conclusions.

Le regret est que le tournant de mars 1983 n'ait pas été davantage expliqué et justifié. L'argument qu'il fallait sauver le Système Monétaire et l'avenir de l'Europe n'était pas un argument audible pour les victimes de dix ans de montée du chômage et leur famille, pour les victimes d'une désertification rurale qui s'accélérait. Et, malheureusement, l'argument que le poids de marchés financiers mondiaux non régulés, mettant en jeu des volumes de capitaux de plus en plus importants, rendait inopérante l'intervention des banques centrales nationales, dotées réserves de plus en plus dérisoires en proportion, c'est-à-dire en clair un début d'explication publique du phénomène de mondialisation libérale qui avait commençé de se mettre en place, cette explication, à mon souvenir en tout cas, n'a pas eu lieu. Faute de cela, des accusations de « trahison » ont commencé de circuler et de trouver de l'écho, créant au sein de la Gauche une fracture qui ne s'est pas résorbée depuis, il s'en faut !

Une première conclusion que je veux alors tirer de ces évènements est que le programme historique de la sociale démocratie est devenu obsolète. La tentative d'introduire dans un seul pays de taille moyenne, des règles de gouvernement conduisant à une distribution des richesses et des revenus sensiblement plus égalitaire qu'ailleurs, la tentative de changer substantiellement l'équilibre entre le pouvoir du capital et celui des salariés à travers le vote par les citoyens de nouvelles lois, introduisant, au-delà de la démocratie politique, une véritable démocratie économique et sociale, ces tentatives ne pouvaient plus qu'échouer, face au pouvoir financier international, ce que j'ai appelé plus haut « le mur de la mondialisation libérale ».

Je ne suis ni sourd, ni aveugle : la position que je viens d'exprimer n'est pas partagée par tous à gauche, loin s'en faut et je le mesure encore mieux au terme des élections qui viennent de se terminer ! Le débat est donc indispensable.

Ma première proposition alors, pour reconstruire une Gauche crédible, est la suivante : réunir dès l'année 2018 des Etats Généraux de la Gauche, chargés de dégager une vision commune sur les deux questions à mes yeux centrales :

Question 1 : « La mondialisation est-elle réversible ? ». Et la position que j'entends défendre dans ce livre sera clairement « NON ».

Question 2 : « La mondialisation en cours peut-elle être réorientée au service des valeurs de la Gauche ? Et cette fois ma réponse sera clairement « OUI » et je

veux avancer dans ce livre des propositions sur les objectifs à prioriser et la stratégie à employer.

Mais la Gauche française peut-elle se remettre du choc qu'elle vient de subir ?

CHAPITRE 3

L'inévitable renaissance

La Gauche c'est le refus de l'exploitation, de l'oppression, de la misère, de la négation de l'humanité de l'autre ou de certains autres. C'est le refus de la prédestination sociale.

C'est la référence à l'égalité des Droits et des devoirs, à la naissance et pour la vie. C'est la référence à l'égalité des chances, à la naissance et tout au long de la vie.

C'est le respect de la liberté de chacun, avec pour seule limite mais ce n'est pas rien, celle qu'a excellemment définie Rosa Luxembourg : « Ma liberté s'arrête quand la liberté des autres est menacée ».

C'est l'adhésion à la fraternité, à la solidarité, qui implique des institutions économiques par-delà les institutions politiques.

C'est aussi, avec le recul historique que nous avons par rapport à l'histoire de l'Union soviétique, l'acceptation du constat que la fin ne justifie pas les moyens. Comment le dire et l'expliquer mieux que ne l'a fait Gandhi : « La fin est dans les moyens comme l'arbre est dans la semence ».

C'est enfin le rejet de tout déterminisme : personne n'a jamais nié que l'Histoire fait les hommes ; mais la Gauche est parfois bien seule quand elle affirme aussi que ce sont les hommes qui font l'Histoire !

Etre de Gauche, c'est œuvrer avec ténacité, chacun selon sa position et ses moyens, pour que les valeurs ci-dessus s'inscrivent dans la réalité : parfois rapidement, à travers des accélérations de l'Histoire ; le plus souvent lentement, au terme de combats qui se déroulent sur des générations.

Regarder derrière soi est impressionnant : il y a la Révolution française qui a posé les fondements de nos Droits politiques ; il y a les interminables conflits sociaux et syndicaux, qui ont conduit à l'interdiction du travail des enfants, du travail du dimanche, l'introduction des 48 heures, des 40 heures, des 35 heures ; il y a le Front populaire, qui a permis les premiers congés payés et reconnu le Droit à la Culture et au temps libre pour tous ; le Conseil National de la Résistance qui a introduit la Sécurité sociale et qui a instauré, enfin, le vote des femmes ; mai 68 qui a reconnu les Comités d'entreprise ; l'Union de la Gauche qui a instauré la retraite à 60 ans, un âge que la Gauche récente s'est employée à maintenir après 2012, malgré l'allongement impressionnant de la durée de vie, pour tous ceux qui sont encore marqués par la pénibilité du travail !

*

*   *

Je ne suis pas né à Gauche. Mes parents étaient tous deux alsaciens et d'abord légitimistes vis-à-vis des autorités de Paris. Ma mère appartenait à la bourgeoisie textile de Colmar, un monde qui commençait déjà à vaciller sur ses bases. L'appartenance sociale de mon père m'apparait plus difficile à définir ; avec le recul, je dirais qu'il appartenait à l'univers protestant, avec des ancêtres pasteurs. Je ne me rappelle évidement plus quand j'ai entendu pour la première fois le mot de « justice ». Mais, en probabilité, c'était sans doute du côté paternel.

Tout était bien réuni pour que je connaisse une scolarité sans histoire notable. J'étais curieux, j'aimais lire et apprendre, je me suis donc retrouvé à Polytechnique à 18 ans. C'est là que les imprévus ont commencé à me rattraper.

C'était la pleine période de la Guerre d'Algérie, dont je n'avais qu'une connaissance lointaine : ce n'était un sujet de conversation ni à la maison, ni même à l'Ecole. J'appris par hasard que nous passerions là-bas le premier mois de notre deuxième année, avant d'y faire notre service militaire comme il était normal et prévu pour tous les jeunes français.

C'est ainsi que je me retrouvai, en septembre 1959, d'abord à Alger pour écouter les analyses des têtes pensantes de l'Etat-Major de la région militaire, puis pendant trois semaines dans un poste militaire installé depuis peu sur une crête de Kabylie, au milieu d'un paysage sublime.

J'étais arrivé avec une réflexion simpliste : je comprenais la révolte des algériens de souche contre l'inégalité de leur statut, une inégalité devenue encore plus insupportable à la suite une deuxième guerre mondiale où ils avaient été traité comme les métropolitains ; mais je me disais que l'annonce faite par le Général de Gaule sur le forum d'Alger - « il n'y a plus ici que des français à part entière »- avait solennellement mis fin à cette anomalie et que le maintien d'actions terroristes n'avait plus de justification ! Je voyais le travail de l'armée, utilisant les instituteurs pour enseigner dans l'école nouvellement construite, les infirmiers et les docteurs pour apporter une assistance médicale à tous les villageois de la crête. Et je formais le projet, puisque je devais revenir comme sous-lieutenant, de demander à être officier SAS, ces héritiers des officiers des Affaires indigènes, qui assuraient l'administration du pays profond. C'était un beau projet !

La guerre ? La participation à quelques embuscades de nuit, montées avec prudence mais conduites sans tensions excessives, m'avait rappelé qu'elle n'était pas terminée. Les auto- défenses des villages, que nous armions, assuraient leur sécurité. Je ne remarquai pas, dans l'instant, que si elles contenaient beaucoup d'anciens combattants décorés, elles étaient plutôt dépourvues de jeunes.

Le discours sur l'autodétermination de l'Algérie, prononcé par le Général de Gaulle le 19 septembre, et écouté par tous les militaires du poste, fit pour moi l'effet d'un coup de tonnerre ! J'étais naïf mais j'étais logique : tout ce que j'avais entendu et vu depuis trois semaines, à Alger et sur ma crête kabyle, n'avait de sens qu'accompagné d'un discours sur l'appartenance irréversible de l'Algérie à la France ! La reconnaissance d'un Droit à l'autodétermination remettait tout en question !

Mais douze jours après j'étais de retour à Paris ! On me proposait un poste de chercheur au CNRS si je faisais une bonne deuxième année. Je refoulai mes souvenirs algériens, travaillai dur et réussis. En février 61 cependant, l'Algérie me repris à la gorge. Je pouvais, au terme de mon passage à l'Ecole d'Artillerie de Chalons sur Marne, choisir à peu près l'affectation que je souhaitais. Je n'hésitai pas une seconde : j'avais compris que le statu quo algérien était devenu impossible, je ne voulais pas aller mentir dans une SAS, je voulais cette fois voir la vraie réalité, avec des yeux ouverts, et comprendre ce qu'était vraiment cette guerre, qui n'en avait toujours pas le nom. Mon choix, qui surprit, fut celui d'un régiment d'artillerie à pied, réserve de zone dans les Aurès…

J'ai décrit mon parcours de l'année qui a suivi dans un autre livre et aussi pourquoi, au retour, inéluctablement, j'allais m'impliquer dans la vie politique de mon pays.

« Deux millions de jeunes avaient pu partir là-bas sans rien connaître de l'Algérie, sans rien savoir d'où ils allaient ! Nous avions obéi sans nous poser de questions ! Quelles étaient les causes de notre ignorance, puis de notre aveuglement, et aussi de notre soumission ? Pourquoi n'avions-nous pas appris certaines choses ? Et même, pourquoi nous les avait-on cachées ?

Et j'en suis venu à me poser d'autres questions. Comment était exercé le pouvoir ? Qui prenait les décisions ? Qui en contrôlait l'application ? J'ai commencé à m'intéresser à la politique, un peu, beaucoup, passionnément. J'ai lu, j'ai discuté, j'ai réfléchi. Et puis j'ai adhéré. A un mouvement européen d'abord, par refus des nationalismes qui récusent tout jugement critique. A une organisation de Gauche ensuite, car l'injustice ne se corrige pas par la charité mais par une réorganisation de la société. »[1]

*

* *

Beaucoup d'hommes ou de femmes qui se disent de Gauche ont eu, à un moment ou un autre de leur vie, le choc qui a fait que cette vie a basculé, qu'elle a cessé d'être centrée sur soi et ses proches, qu'elle a conduit à se poser des questions sur la vie des autres et sur les inégalités existantes.

Mais ce n'est pas seulement à ceux-là que je veux m'adresser, c'est aussi aux autres, à ceux qui ont eu la chance d'avoir une vie sans trop de problèmes, une vie pas forcément facile mais, d'une certaine manière, « protégée » : je reprendrai ce mot beaucoup plus loin dans ce livre.

Nous bénéficions aujourd'hui, grâce aux moyens de communication modernes, de la possibilité de voir en di-

---

[1] « Algérie, une mémoire enfouie », Denoël, 2003.

rect tous les drames de notre planète, et en particulier celui que je considère comme le plus inadmissible : la malnutrition, la faim. Tout le monde ne peut avoir la « chance » qui a été la mienne de visiter, au Mozambique dans les années 80, un village dont tous les habitants étaient morts de faim, les derniers sans doute quelques heures seulement avant notre arrivée. Parmi eux, il y avait celui que je vois encore, peut être celui qui avait lancé le dernier appel : Il avait encore un crayon à la main, arrêté au milieu d'un mot ; son buste était tombé sur le registre que jusqu'au bout il avait voulu remplir, celui des morts du village.

Alors bien sûr, cela est loin, si loin dans l'espace et dans le temps maintenant. SI loin ? Non, regardez vos écrans, soyez attentifs à ce qu'ils montrent de plus en plus souvent : ces camps de réfugiés, réfugiés de guerre, réfugiés climatiques, victimes de la sècheresse ou, au contraire des inondations, tous en nécessité urgente de recevoir de l'eau et de la nourriture, un logement…

Alors oui, cela est loin et vous n'avez pas eu comme moi l'opportunité de voir sur place. Et je sais bien toute la différence entre l'image et le direct, où parfois une femme te tend son bébé, pour que tu l'emportes et que tu le sauves…

Alors, à ceux qui pensent qu'ils ne sont pas concernés, je voudrais présenter une suggestion. Renseignez-vous, c'est facile, sur l'endroit où se trouve, forcément pas loin de chez vous, une Banque alimentaire ou un site des Resto du cœur. Passez-y un jour où vous avez du temps, proposez aux militants qui tiennent ces boutiques de venir les aider, rien qu'une journée. Vous serez certainement bien accueilli ! Ensuite venez, regardez, écoutez. Dialoguez si vous le sentez possible, renseignez-vous sur la trajectoire de vie de vos interlocuteurs. Mais faites-le alors avec prudence, sans oublier jamais quelque chose qui est essentiel pour que se poursuive l'échange : celles et ceux que vous rencontrerez ainsi n'auront en général pas ou plus beaucoup d'argent ; mais ce qu'il leur reste et veulent voir préservé à tout prix, c'est leur dignité.

DEUXIÈME PARTIE

La mondialisation est irréversible

CHAPITRE 4

La mondialisation dans l'histoire

Le mot de mondialisation par lui-même n'a pas de sens si l'on ne précise pas « de quoi » l'on parle.

Ainsi, selon l'histoire de l'Humanité telle qu'elle est établie à ce jour, les premiers « Homos » seraient apparus dans le rift africain (aujourd'hui l'Ethiopie), il y a environ 2,5 millions d'années. Ils se seraient ensuite progressivement disséminés sur la Terre, en Afrique du Nord, en Europe, en Asie, sur quelques iles d'Océanie. Les conditions locales de survie les ont fait évoluer en s'adaptant et se différenciant, donnant ainsi naissance à différentes espèces d'Homos. Il ne me parait pas absurde de parler alors de « première mondialisation ».

L'évolution se poursuivait dans le même temps dans le rift africain, conduisant il y a à peu près 150.000 ans à l'apparition de l'Homo sapiens, notre espèce. Celle-ci aurait alors migré à son tour, dans les mêmes territoires que ses ancêtres, éliminant ou remplaçant ceux-ci. La maitrise du feu, la possibilité de cuire sa nourriture et d'avoir ainsi du temps disponible pour de nouvelles activités, ce qui conduisait à un accroissement du volume du cerveau et permettait de nouvelles formes de langage, sont des éléments explicatifs du fait qu'il y a 10.000 ans, l'Homo sapiens avait remplacé toutes les autres formes d'Homo. C'est la deuxième forme historique de mondialisation.

Les humains d'après cette date ont alors fondé des « civilisations » et celles qui ont réussi ont pratiqué à leur tour la dissémination, par le commerce ou/et par les armes. Nous européens avons tous entendu parler à l'école de la circumnavigation autour de l'Afrique (premier passage du Cap de Bonne Espérance en 1488), et surtout de la « découverte » de L'Amérique par Christophe Colomb an 1492. Mais celle-ci était en réalité déjà habitée, on le sait aujourd'hui, par des Homo sapiens, probablement venus d'Asie 15.000 ans plus tôt, à une époque glacière où le Détroit de Béring pouvait être traversé à pied sec.

Et, pour autant, cette mondialisation par l'Europe ne peut prétendre être la troisième, même si nous devons à Magellan la première circumnavigation terrestre connue (entre 1519 et 1522). En effet, depuis le début de notre Ere et probablement bien avant, sous l'inspiration de dynasties chinoises, des « routes de la soie », déjà, conduisaient des caravanes venant d'Asie jusqu'aux bords de la Méditerranée. L'effondrement de l'Empire romain d'occident au 5ème siècle résultait d'invasions asiatiques, s'infiltrant jusqu'à l'Océan atlantique. Et on peut voir dans un musée de Singapour le contenu impressionnant d'une épave du 12ème siècle, qui transportait entre la Chine et l'Iran des porcelaines de la première colorées avec des pigments bleus du deuxième !

Ainsi, même en ne traçant qu'à grands traits notre histoire, la mondialisation que nous connaissons aujourd'hui peut être considérée comme la cinquième du genre ! Quelles explications peut-on donner alors à ces mouvements successifs ?

La recherche de nourriture, hors d'espaces devenus surpeuplés, explique probablement les deux premières mondialisations, qui se sont déroulées sur des temps longs.

Ces pénuries peuvent à coup sûr également trouver leur origine dans l'existence de cycles climatiques périodiques bien connus des astronomes (cycles dans l'activité du soleil, environ 11.0 00 ans, ou cycles liés à des variations de l'excentricité de l'orbite terrestre ou de l'inclinaison de son axe de rotation, de 100.000 à 400.000 ans).

La recherche de richesses, et pour cela la mise en œuvre de dominations, explique sans aucun doute les suivantes, favorisées par l'apparition aux mains des hommes d'outils nouveaux.

Par-delà la domestication du feu, qui donnait un élément de suprématie évident à ceux qui avaient compris qu'il n'était pas besoin d'orages ou de lave en fusion pour l'allumer, la maitrise de la métallurgie à des températures de plus en plus élevées conduisit à des armes de plus en plus dangereuses (de la pointe de lance durcie au feu à la pointe de bronze puis de fer). L'invention en Chine de la poudre, à canons puis à fusils, donna une supériorité forte à ceux qui en étaient dotés La construction de bateaux de plus en plus évolués, capables de « remonter au vent » et dotés d'instruments de navigation de plus en plus sophistiqués (boussole pour la direction, astrolabe nautique puis sextant pour la position), permit les navigations à longue distance puis, une fois les débarquements opérés, la soumission des populations découvertes.

Le pillage de l'or des populations amérindiennes fut l'exemple le plus abouti de ces enchainements. La philosophie officielle du développement de la colonisation européenne sur tous les continents – aller instruire des populations arriérées – n'arriva jamais à cacher complètement la volonté de mettre la main sur toutes sortes d'autres matières premières.

Les mondialisations qu'a connu l'Humanité depuis ses premières apparitions ont toujours reposé sur un mélange d'explications démographiques et climatiques et aussi sur des maitrises technologiques et scientifiques. La mondialisation libérale dans laquelle nous sommes entrés repose sur les mêmes ressorts !

CHAPITRE 5

L'idéologie de la mondialisation libérale

Les premières justifications du libre-échange habituellement mises en avant concernent le commerce international. Elles proviennent de la Théorie économique, et plus précisément de l'interprétation ultra libérale de celle-ci. Je vais raconter quatre histoires pour illustrer les limites de cette interprétation, défendue avec force évidemment par ceux qui en sont les bénéficiaires.

La première histoire se situe au temps des chasseurs cueilleurs, sur une ile. On peut sur cette ile ou autour d'elle, ramasser ou cueillir des fruits, chasser des lapins ou des sangliers, pêcher deux sortes de poissons aux habitats différents. Les iliens se sont spécialisés entre les cinq activités de récolte possibles. La théorie économique dit alors que, si les habitants sont omnivores, le libre-échange permet de maximiser la satisfaction de tous et que toute barrière aux échanges qui serait rétablie diminuerait la satisfaction de certains. Jusque-là, tout le monde peut être d'accord !

Ma deuxième histoire se situe au XVIIIème siècle. Deux pays que j'appellerai l'Angleterre et le Portugal, mais considérez que je raconte une fiction, ne commercent pas ou peu et produisent chacun les mêmes deux biens : du vin et du textile. Mais le textile anglais est de bien meilleure qualité que le portugais, tandis que le Porto est préféré par tous. Là encore, la Théorie économique indique qu'une diminution des barrières douanières sera avantageuse pour chacun : il y aura plus de bon textile pour les portugais et plus de bon porto pour les anglais ! Mais poursuivons l'opération jusqu'au bout : ce bout c'est, in fine, que le Portugal ne produit plus de textile et l'Angleterre plus de vin. C'est dur pour la fierté de l'Angleterre mais pas dramatique : on peut imaginer que ce pays produit aussi de la bière ! C'est dramatique pour les Portugais qui doivent quand même s'habiller alors que les ours locaux ont disparu depuis bien longtemps !

Alors je vais introduire une transgression terrible pour les défenseurs du libéralisme économique pur et dur : je vais faire appel à la notion d'« économie politique », en exprimant avec d'autres mots la conclusion précédente : le Portugal est devenu dépendant de l'Angleterre ou, encore plus brutalement : sous couvert de défense du libre-échange l'Angleterre a assuré sa domination sur le Portugal !

Pour ceux qui font semblant de ne pas comprendre, je vais alors parler non de fictions mais d'histoires réelles, qui continuent de peser sur le présent d'aujourd'hui. Lorsque la France de la Troisième République a établi son Empire, qui ne comportait évidemment pas de barrières douanières internes, elle a exploité les matières premières spécifiques à chaque colonie, du cacao ou café aux minerais. Mais elle s'est bien gardée de construire localement la moindre usine de transformation : la création de valeur ajoutée, pour des raisons économiques d'abord, mais pour des raisons de domination politique aussi, devait âtre réservée à la métropole ! Bon, j'ai horreur de me faire traiter de menteur, donc je dois reconnaitre une exception : je ne connais pas une ancienne colonie française, en Afrique ou en Asie, où notre pays n'ait pas laissé en legs une usine de bière !

Ma troisième histoire sera encore plus complexe. Mais elle se situe au XXème siècle, dans un monde qui lui-même est devenu tel ! Elle se situe dans les années 90 : peut-être certains ou certaines reconnaitront-ils là « leur » histoire ! Elle se passe en tout cas entre la France cette fois et un pays que l'on peut situer dans le pourtour méditerranéen. C'est l'histoire d'une usine textile, confrontée à la baisse progressive des droits de douane sur les produits importés, négociation menée dans le cadre du GATT (L'ancêtre de l'Organisation Mondiale du Commerce créée en 1995). Pour la Théorie économique, cette diminution ne fera que des gagnants : tous les français pourront acheter davantage de vêtements en provenance des pays exportant à bas prix ; les habitants de ceux-ci verront créés de nouveaux emplois.

Vu du terrain cependant, et c'est une expérience que j'ai vécue comme élu que je raconte, la situation apparait tout sauf idyllique. Le patron de l'usine textile a fait ses comptes : il a la chance de bénéficier de commandes d'Etat, il gardera les effectifs de production correspondants et bien sûr des postes pour la gestion ; pour les autres, plusieurs centaines d'ouvrières travaillant dans la boite depuis vingt ou trente ans, la seule issue qu'il a trouvée est le licenciement : il ne peut se permettre de poursuivre une activité à perte ! Les tenants étrangers de la Théorie interrogent : normalement (c'est-à-dire dans leur univers intellectuel à eux), vous devriez baisser les salaires ? Réponse : peut-être mais nos ouvrières sont déjà payées au niveau du salaire minimum autorisé ! Sourire mi -triste mi- narquois : ah, vous avez un salaire minimum ! Eh oui, et en plus nous en sommes fiers !

Je vais jusqu'au bout de mon histoire, toujours vraie. Politiques et représentants syndicaux ont fini par obtenir de l'Etat la création d'une « Cellule de reconversion ». Je reçois la secrétaire du Comité d'entreprise. Elle me demande combien de propositions d'emploi on peut espérer. Je l'interroge sur le niveau de formation des salariées. Réponse : celles qui sont là depuis vingt ans cousent à la machine depuis vingt ans, celles qui sont là depuis trente ans cousent à la machine depuis trente ans ! J'hésite puis je dis : une petite cinquantaine…Elle part en claquant la porte ! Je rassure les lecteurs sensibles : nous nous sommes revus ! Mais quel gâchis humain, simplement par manque d'anticipation et de formation. Je reviendrai plus loin sur ces deux points essentiels.

Ma quatrième histoire enfin est aussi vieille que le salariat, c'est le cœur du combat du mouvement ouvrier en France et partout dans le monde. Une entreprise crée de la valeur ajoutée et, pour simplifier, cette valeur ajoutée est partagée entre salaires et profits. Les travailleurs cherchent à augmenter leurs salaires, rémunération de leur force de travail. Les propriétaires des moyens de production cherchent, à augmenter leurs profits, rémunération de leurs capitaux. Le système s'appelle le Capitalisme et Karl Marx l'a théorisé aussi bien que possible, même s'il n'avait pas prévu que les progrès technologiques pourraient, aux moments critiques, relancer des taux de profit toujours en baisse tendancielle : mais là n'est pas mon sujet pour le moment !

Les économistes ultra-libéraux s'intéressent prioritairement à une chose : l'efficacité du fonctionnement du système. Pour dire les choses simplement : est-ce qu'avec les mêmes moyens humains et matériels on pourrait, en s'organisant autrement, augmenter à la fois et les salaires et les profits. Si ce n'est pas le cas, ils diront que la situation est optimale, « au sens de Pareto » disent les économistes. Personne ne peut refuser la logique de cette approche. Elle a cependant un défaut essentiel, que trop d'analystes libéraux refusent de prendre en considération : elle reste complètement indifférente à la distribution de revenus à laquelle correspond un « optimum » donné. Pour me faire comprendre le plus simplement possible, je prendrai l'exemple suivant : deux personnes doivent se partager un gâteau ; alors tout partage est un optimum de Pareto : si on augmente la part de l'un, on diminue celle de l'autre, on ne peut pas faire mieux pour les deux à la fois ! La situation où l'une des personnes à presque tout et l'autre presque rien est en effet un « optimum ». Mais si l'on veut se parer du manteau de la science, la situation où chacun a la moitié du gâteau en est un autre !!

Certains, j'en reviens à mon introduction à ce livre, disent que la seule vraie question de l'économie, c'est l'efficacité, que les notions de Gauche et de Droite sont dépassées, ou qu'on peut être des deux à la fois. Je suis parfois simpliste : je définis la Gauche comme porteuse de la question de la répartition des revenus et des avoirs entre les citoyens, la Droite comme se satisfaisant de la situation créée par le libre jeu des marchés. Je vais même aller encore plus loin dans le simplisme, à travers trois exemples. La Gauche a mis en place, sous la 3ème République et non sans affrontements politiques violents, la notion d'impôt progressif sur le revenu, dont le produit avait pour vocation de financer des services publics accessibles gratuitement à tous - école, police, hôpitaux – et donc d'opérer une redistribution des revenus au bénéfice de ceux qui avaient le moins ; la Droite n'a de cessé de vouloir diminuer les taux les plus élevés, voire, comme l'avait proposé Margaret Thatcher en son temps, de remplacer l'impôt progressif par une « flat tax » : le même taux d'imposition quel que soit le niveau du revenu ! La Gauche a toujours eu comme principe que les revenus du travail et ceux du capital devaient être taxés également : entre 1981 et 2017, par réformes successives, elle a réussi, malgré de vives oppositions, à arriver à ce résultat. La Gauche a mis en place, sous la Présidence de François Mitterrand, l'Impôt de solidarité sur la fortune, le fameux ISF ; la Droite n'a de cesse de vouloir le supprimer ou au moins de le rogner ! Si vous voulez connaître le positionnement politique d'un Président de la République française, il suffit de regarder, chaque automne, à l'occasion du vote du budget par le Parlement, ce qu'il advient des trois impôts ci-dessus !

Pour information, au moment où j'écris ces lignes, le projet de budget de la France pour 2018 prévoit de diminuer de 3 milliards d'euros la recette de l'ISF (en ne taxant plus que l'immobilier) et de trois milliards d'euros également la recette de l'IR, cette dernière diminution résultant d'une baisse des prélèvements sur les revenus du capital, qui redeviendront moins taxés que les revenus du travail !

La création d'un salaire minimum et la garantie d'un revenu minimum n'affectent pas l'efficacité d'une économie. Ce sont des décisions politiques qui ont pour finalité de créer les conditions pour que chacune et chacun puisse bénéficier d'une vie décente, par-delà l'existence des services publics déjà en place. Ces décisions reflètent une certaine vision du monde, où chaque homme et chaque femme doit pouvoir vivre dans la dignité. C'est clairement un choix de solidarité. On peut vouloir ou ne pas vouloir faire ce choix : à chacun de se positionner, en toute liberté. On ne peut pas nier que le choix existe !

CHAPITRE 6

Le cas particulier de la finance

La finance est un domaine très particulier de l'économie. Elle ne s'occupe pas ou peu d'objets ayant une valeur par eux-mêmes : les transferts d'or ou d'argent, en pièces ou en barres, sont exceptionnels et la valeur additionnée des stocks d'or de toutes les Banques centrales de la planète ne représente plus aujourd'hui qu'une toute petite fraction des montants monétaires en circulation.

Ces montants monétaires sont d'abord matérialisés par des pièces et des billets : la monnaie dite « fiduciaire ». Ce n'est évidemment pas leur poids de métal ou de papier qui détermine leur valeur, ce sont les impressions qu'elles portent : un montant en chiffres, le nom d'une monnaie, une signature ou un tampon (souvent appartenant au Ministre des finances ou au Président de Banque Centrale qui est responsable de l'impression).

Pourquoi alors, le commerçant à qui vous tendez un billet pour acheter un objet, vous donne-t-il celui-ci avec votre monnaie ? Parce qu'il est convaincu qu'avec votre billet, il peut aller chez un autre commerçant acheter autre chose dont il a besoin ou envie. L'invention de la monnaie, qui repose entièrement sur la notion de confiance, a été l'une des grandes avancées de l'Humanité : imaginez ce que pouvait être le commerce lorsqu'il était réduit au troc, où même lorsqu'il avait lieu avec des coquillages comme « monnaie » !

Cela étant, le scénario que je viens de décrire est en train de basculer de plus en plus dans le passé. Une part croissante de nos achats se fait aujourd'hui sur Internet, un processus qui suppose encore la possession d'une « carte de crédit » mais permet des achats à peu près dans tous les pays du monde. De plus en plus également, on ne prend plus de billets pour aller faire ses courses : le smart phone remplit cet office ! La part de la monnaie fiduciaire dans la circulation monétaire globale ne cesse de baisser.

Ces innovations techniques, non mineures j'y reviendrai, ne changent cependant rien à la nécessité essentielle de la confiance pour le fonctionnement d'un système monétaire. Celle-ci est-elle alors suffisante ? Je ne suis pas un spécialiste de l'histoire de la monnaie mais il me revient en mémoire, quand je pose cette question, nombre de souvenirs d'école, où des empereurs ou des rois - y compris l'un de nos plus fameux, Philippe le Bel - face à des problèmes budgétaires urgent (payer son armée par exemple), essayaient de se tirer d'une situation difficile soit en frappant des pièces un peu plus légères qu'elles n'auraient dû l'être, soit en utilisant un niveau de pureté du métal précieux un peu plus faible que le niveau annoncé…La leçon historique qui s'est dégagée de ces brefs exemples, qu'on pourrait sans difficulté multiplier, est en tout cas claire : la mise en place, à côté du pouvoir politique, d'une institution monétaire indépendante de lui et dont la mission est d'éviter tout détournement des règles, est une condition de la confiance. Cette condition est remplie aujourd'hui et depuis pas mal de temps dans la plupart des pays de notre planète, grâce à des institutions centrale ou fédérales apparaissant respectables et respectées.

*

* *

Reste que la crise des « subprimes » eut lieu en 2007, qu'elle a failli détruire le système monétaire mondial, et qu'elle a laissé derrière elle une récession, un endettement et un chômage que nous sommes encore loin de voir résorbés.

Cette crise, née aux Etats Unis, a aujourd'hui son histoire officielle, assez objective. Tout est né du souhait de politiques bien intentionnés, et peut être aussi d'entreprises du bâtiment, de favoriser l'accès au logement pour des ménages aux revenus modestes. A cette fin a été imaginé, en 2001, le lancement de prêts à taux évolutifs, partant d'un niveau bas et bloqué les premières années (ce n'était pas grave pour les banques prêteuses, les taux de la Banque centrale américaine, la FED, étant à l'époque voisins de 1 %) pour rejoindre ensuite les taux du marché un peu majorés : l'idée était que les emprunteurs auraient alors progressé dans leur carrière et acquis un meilleur revenu. Les banques avaient de toute façon couvert les risques de cette deuxième période en incluant dans le contrat le droit de saisir le logement d'un emprunteur défaillant (pour le revendre, pensaient-elles, à un prix évidemment supérieur à ce qui pouvait rester à rembourser).

Malheureusement la FED, pour des raisons macroéconomiques estimables, se mit à augmenter fortement ses taux, créant de ce fait pour les bénéficiaires des « subprimes » sortant de la période protégée, un saut important de leurs mensualités. Beaucoup des nouveaux propriétaires ne purent pas faire face ! Devant l'afflux des reventes ou des ventes après saisie, le prix des logements risquait de s'effondrer et de mettre les organismes prêteurs eux-mêmes en très grande difficulté.

Ce n'était qu'un mauvais moment à passer pensèrent ces organismes ! Un financier de génie proposa alors une solution miracle qui, comme toutes les grandes idées, était simple et élégante ! La solution était de globaliser les remboursements restant à recevoir, de donner un nouveau nom à leur total, de diviser ce total en parts et de noyer celles-ci dans un paquet d'actions et d'obligations tellement complexe que tout le monde n'y verrait que du feu, en tout cas pendant le temps à laisser passer pour que le prix des logements se redresse ! Cette opération prit alors le nom impressionnant de « titrisation ».

Et ça marcha ! Non seulement les banques américaines mais aussi les banques asiatiques et européennes achetèrent les nouveaux titres, dont le côté « mélange » semblait apporter une garantie de sécurité ! Malheureusement la FED, apparemment inconsciente du danger, continuait d'augmenter ses taux et de premiers organismes de prêts firent faillite. Machinalement, quelques banques regardèrent dans leurs avoirs pour s'assurer qu'elles ne détenaient pas d'actifs concernés. Et ce fut le début de la grande panique : la poussière ressortait de sous le tapis, personne n'en connaissait le volume, personne ne faisait plus confiance à personne et le système monétaire mondial manqua de s'effondrer ! Le système productif de son côté entrait en récession, tous les acheteurs, par prudence, réduisant leur consommation.

Et il se passa alors cette chose incroyable, inimaginable en tout cas pour un économiste ultra libéral : les banques les plus menacées demandèrent à « leur » Etat (eh oui, elles se reconnaissaient soudain une patrie !) de les nationaliser ! Ce n'était pourtant, se dirent ceux qui réfléchissaient quand même, que la résurgence d'un très vieux réflexe : « la privatisation des profits et la socialisation des pertes ! ». Et, comme les Etats n'avaient pas le choix, ils entrèrent au capital des banques les plus menacées et garantirent leurs avoirs. Très peu nombreux furent ceux qui en profitèrent pour installer, fut-ce provisoirement, un représentant au Conseil d'Administration d'une banque : le secteur public, c'est bien connu, ne doit pas se mêler des affaires privées ! Cela sauva le système monétaire mondial, ce qui était sans aucun doute nécessaire. Cela ne restaura évidemment pas la croissance économique antérieure et encore moins les emplois détruits par les faillites, les « dégraissages » et les ajustements à la situation nouvelle !

*

* *

Beaucoup, logiquement, ne manquèrent quand même pas de dire, une fois les incendies éteints, que bien évidemment il allait falloir revisiter certaines règles. Mais d'autres, arguant que de tels accidents n'arrivaient que très rarement, s'exprimèrent pour défendre la liberté d'entreprendre et de créer, disant qu'il fallait quand même ne pas trop en rajouter…

Ce dernier discours aurait pu avoir un certain écho : après tout, personne n'aime se souvenir des moments désagréables ! Heureusement si j'ose dire, dans le même temps, éclatât « l'affaire Madoff ». Certes on est là davantage dans le vaudeville que dans la tragédie, mais c'était quand même une sorte de deuxième avertissement !

L'affaire en soi est des plus simples et je pense qu'un enfant de CM2 pouvait la comprendre : mais on oublie trop sa curiosité d'enfant ! Bernard Madoff donc avait mis en route, dans les années soixante, une petite société d'investissement au capital de 5000 dollars, qui allait lui rapporter gros pendant près de cinquante ans. Et il fallut la crise des « subprimes » pour que tout s'effondre !

Le fonctionnement du système, derrière un habillage complexe de sociétés gigognes et de références aux effets multiplicateurs inimaginables des toutes nouvelles « bourses électroniques », était le suivant : « Si tu me prêtes une somme supérieure à un certain montant, évidemment élevé pour faire sérieux (le Droit d'entrée), je te garantis moi le versement d'un taux d'intérêt annuel d'au moins 10 %, quelle que soit la durée de ton dépôt que tu peux récupérer à tout moment ». L'affaire était alléchante et elle allécha. Au sommet de sa gloire, la société, devenue un « Fonds d'investissement », aurait contrôlé pour 17 milliards de dollars de placements et Bernard Madoff offrait à ses clients, des banques ou des détenteurs de grosses fortunes personnelles, jusqu'à 17 % de taux d'intérêt !

Le principe de l'escroquerie était simple : pour que ça marche, il suffisait que les dépôts des nouveaux entrants soient supérieurs aux intérêts devant être versés aux déjà clients. Ce système porte le nom de « Pyramide de Ponzi », du nom d'un italien immigré aux Etats Unis qui l'avait déjà mis en œuvre en 1920. Mais si l'on fouille quelque peu l'Histoire, on s'aperçoit que ce principe d'escroquerie doit être aussi vieux que la monnaie !

Cela exliqué, comme on dit chez nous dans le monde rural : « Les arbres ne montent pas jusqu'au ciel » ! La crise des « subprimes » non seulement réduisit le nombre des entrants mais conduisit à des demandes importantes de retraits, de la part de clients qui voyaient la valeur de leurs actifs en bourse chute de façon inquiétante. Bernard Madoff bien sûr ne put faire face. Il fut arrêté et inculpé par le FBI le 12 décembre 2008 !

*

*   *

Reste évidemment la question perturbante : comment des personnes ou des organismes que l'on imagine raisonnables, qui connaissaient les taux de croissance de l'économie réelle, qui devaient savoir quels étaient les meilleurs retours sur investissement des innovateurs les plus performants, comment ce monde averti avait-il pu se laisser séduire par les propositions qui lui étaient faites ?

Je vois de mon côté trois réponses. La première est l'appât du gain facile : plus on est riche et plus l'on croit que tout est possible ! La deuxième est ce que j'appellerai « l'entre gents » : si Madoff avait un talent, c'était sans aucun doute celui d'avoir su faire rentrer dans sa machinerie des personnes de plus en plus connues et de niveaux de responsabilité de plus en plus élevés : du coup, c'était elles et non plus lui qui garantissaient le sérieux de son système ! La troisième réponse, qu'il s'agisse là de l'affaire Madoff ou de la crise des « subprimes », était l'inadéquation des règles et des contrôles à une situation récente qui créait des risques nouveaux : la libre circulation généralisée des capitaux. Je terminerai ce chapitre par ce point.

Dans les années 1980 en effet, toujours sous l'influence des économistes ultra-libéraux, fut instaurée, progressivement, une libre circulation croissante des capitaux entre pays ou zones monétaires, ce qui aggravait considérablement les risques d'une crise toujours possible :

- D'abord parce que le volume des capitaux potentiellement « baladeurs » se trouvait formidablement accru, ce qui augmentait évidemment l'intensité de possibles spéculations ou de réactions moutonnières à des évènements imprévus.
- Ensuite parce que la non création de règles mondiales nouvelles, accompagnant la libre circulation, était une formidable occasion pour les divers paradis fiscaux de faire échapper davantage de capitaux aux règles fiscales ou prudentielles de leurs pays d'origine.

Je siégeais dans ces années à la Commission économique et monétaire du Parlement Européen et je me rappelle m'être battu, à la demande du Gouvernement français, pour que l'adoption de la Directive de libre circulation des capitaux soit accompagnée de celle d'une autre Directive, instaurant la création d'une taxe sur ces mouvements : assez faible pour ne pas décourager investissements ou placements de longue durée, assez forte pour dissuader ou en tout cas réduire les mouvements spéculatifs incessants. La France était évidemment minoritaire sur ce point, elle a fini je ne sais pourquoi par accepter la dissociation des deux débats : la Directive sur le premier point a été mise en vigueur en 1990 ; la seconde n'a évidemment jamais vu le jour !

Durant ces dernières années, la mesure des risques liés au libre mouvement des capitaux a été je crois mieux évaluée. De nouvelles règles prudentielles ont été décidées. Les pressions sur les paradis fiscaux se sont accrues, grâce notamment à un engagement, inattendu pour moi mais très positif, de l'OCDE. Tout cela est bien mais demeure très éloigné encore de ce qui me parait nécessaire : ce sera l'un des champs de mes propositions à venir.

CHAPITRE 7

Les technologies de la mondialisation

Quand on me demande quelle photo je choisirais pour illustrer le concept de mondialisation, je n'ai pas un instant d'hésitation : ce serait celle d'un porte-conteneur !

Les porte-conteneurs sont des bateaux peu connus du grand public car on ne les croise que dans des endroits très précis : des rails de navigation d'abord, sortes de couloirs maritimes visant à éviter que ceux qui doivent les suivre se rapprochent par trop des cotes ; visant aussi à diminuer les risques de collisions (il y a des rails « montants » et « descendants » pour séparer les passages de sens opposés) ; les ports spécialisés ensuite, équipés pour la manipulation des fameux conteneurs bien sûr, mais surtout capables d'accueillir même à marée basse, des bateaux aux tirants d'eau (la profondeur pour qu'ils ne touchent pas le fond) devenu exceptionnels.

Aujourd'hui, un porte conteneur de dernière génération est un bateau qui mesure 400 mètres de long, près de 60 mètres de large, qui a une hauteur au-dessus de l'eau de plus de 30 mètres et une hauteur en dessous (le fameux « tirant d'eau ») de près de 15 mètres ! Peu de ports peuvent accueillir de tels mastodontes (en France, seulement Le Havre). En croiser un quand on est soi-même en train de faire une navigation de vacance, en train de traverser un rail pour revenir à la côte, fait naitre un mélange d'appréhension et d'admiration inoubliable !

Comme leur nom l'indique, la fonction de ces bateaux est de transporter des conteneurs, c'est-à-dire de grandes caisses, le plus souvent métalliques, aux dimensions standardisées : vingt pieds (environ 6 mètres) ou quarante pieds de long, environ 2,50 mètres de large et de haut. Les bateaux que je viens d'évoquer transportent de 18.000 (cas du plus grand porte conteneur français, appartenant à la CMA-CGM) à 21.000 (cas du plus grand bateau existant au moment où j'écris ces lignes, appartenant à la compagnie japonaise MOL) conteneurs. Chacun d'eux peut ensuite lui-même contenir plus de dix tonnes de marchandises, c'est-à-dire éventuellement, plusieurs milliers de colis !

Construire des porte-conteneurs qui résistent à toutes les tempêtes, sur les routes difficiles qui vont de l'Asie à l'Europe ou à l'Amérique, demande évidemment des niveaux technologiques très avancés : Chine, Corée, Japon ont concentré leur construction navale sur ces produits.

*

* *

Mais les bateaux ne sont qu'un moyen : le cœur du métier, qui consiste à transporter des biens physiques d'un point à l'autre de la planète, n'est pas la métallurgie, c'est l'informatique. Celle-ci est évidemment utilisée pour les calculs nécessaires à la construction des bateaux. Elle est essentielle pour le choix de la route idéale, intégrant toutes les données météorologiques disponibles, proposant des arbitrages entre la tentation de la route la plus courte et la sécurité de routes s'écartant des tempêtes et permettant le maintien d'une vitesse plus élevée ! Tout cela en calculant bien sûr en permanence le cout en carburant, la principale dépense des traversées, des différentes options proposées…

Il n'y a là que de l'optimisation très classique se diront sans doute certains. Certes, mais qui utilise des masses de données inimaginables il y a seulement quelques années, permettant ainsi d'améliorer la sécurité des bateaux et donc de diminuer les couts astronomiques des assurances !

Ceci dit, c'est surtout la gestion des cargaisons permise par l'accroissement des capacités de l'informatique, qui justifie les bateaux eux-mêmes ! Ces cargaisons peuvent comporter aujourd'hui jusqu'à plusieurs millions d'objets, qui doivent être livrés dans des dizaines de ports, puis délivrés à des dizaines de milliers de destinataires ! Et il faut intégrer en plus dans l'organisation des chargements un maximum d'imprévus possibles : la fermeture provisoire du chenal d'accès d'un port suite à un naufrage, ou des conditions météo conduisant à inverser des escales ! Sans l'usage d'une informatique très haut de gamme, le maintien permanant de délais de transports intéressants et de couts avantageux serait impossible.

La description impressionnante du principal moyen utilisé aujourd'hui pour permettre les échanges de biens entre les diverses parties du monde, ne doit pas conduire à penser que le système est à l'abri des crises : les récessions existent là aussi, qu'elles résultent de causes exogènes – la récession engendrée par la crise des « subprimes » a évidemment eu ici aussi des retombées négatives - ou endogènes -- il est arrivé au système de ne pas avoir su gérer sa croissance interne et de devoir mettre provisoirement sous cocon nombre de ses bateaux ! On ne voit pas cependant, dans l'immédiat, ce qui pourrait faire disparaitre ce système dans les années à venir.

*

*   *

Si le rôle des nouvelles technologies apparait ainsi essentiel dans l'amplification des mouvements mondiaux de biens matériels, il apparait encore plus évident s'agissant des échanges de biens immatériels, que l'on parle de services ou de finance. Et là, la technologie mondialisante par excellence est évidemment Internet !

L'histoire d'Internet est aujourd'hui connue de tous. Créé dans les années 1960 par quelques militaires américains dans le but d'interconnecter différents réseaux des armées, la créature a depuis longtemps échappé à ses créateurs. Elargi à différents réseaux administratifs, étendu à des réseaux de laboratoires scientifiques en dehors des frontières des Etats Unis, récupéré par les fabricants d'ordinateurs et de câbles téléphoniques, métalliques puis en fibre de verre, relayé par des satellites mobiles ou stationnaires, l'accès à Internet est devenu un bien individuel, un du, qui oblige les gouvernements de la planète à offrir des possibilités d'accès au citoyen de base quelle que soit sa localisation !

Au début de l'année 2017, le nombre d'internautes atteignait les 3,7 milliards, soit près de 50 % d'une population mondiale estimée alors à 7,6 milliards d'individus. Plus de deux cents millions de serveurs étaient recensés. Les langues d'usage d'Internet étaient passées de une à douze : la création d'une nouvelle tour de Babel disaient certains, la condition indispensable pour réduire la « fracture numérique » disaient d'autres, de toute façon le débat est maintenant derrière nous ! Et s'il est un point sur lequel tous les dirigeants de la planète se retrouvent en effet, c'est que tous ses habitants doivent être connectés au plus vite : création de réseaux de mini-satellites, installation de nuages de drones, fabrication de portables simplifiés, équipés d'un chargeur solaire et se connectant à des applications purement visuelles apportant des conseils pour l'amélioration de la vie quotidienne :

l'imagination est sans limite ! Il est vrai que les arrières pensées ne sont pas nécessairement absentes : pour les uns, internet est le moyen le plus efficace pour stabiliser définitivement un régime totalitaire ; pour d'autres il s'agit au contraire de rendre possibles de nouvelles formes de démocratie participative.

Quelles que soient les arrière-pensées des uns ou des autres, Internet possède en tout cas une propriété indiscutée : instantanéiser la plupart des actions humaines ! Vous pouvez discuter en direct avec un ou plusieurs interlocuteurs situés à l'autre bout du monde ! Vous pouvez acheter ou vendre n'importe quel objet et il se trouve presque partout un livreur pour l'apporter de suite au destinataire, par voie de drone éventuellement ! Votre salaire ou votre retraite arrive automatiquement sur votre compte bancaire et vous pouvez effectuer un virement sur le compte de quiconque vous connaissez ! Vous pouvez spéculer à la Bourse de New York alors que vous êtes à Paris et réciproquement ! Vous pouvez même, je l'ai déjà dit, provoquer des crises boursières en faisant circuler des titres au contenu indéterminé à une vitesse telle que personne n'a le temps de se demander ce qu'ils représentent !

*

* *

Est-il imaginable alors de « démondialiser » la planète ? Cette question me parait aussi absurde que la question « peut-on désinventer internet ? » et ma réponse est très évidement : Non.

Depuis qu'il existe, l'Homo Sapiens n'a cessé d'inventer de nouveaux outils et ceux-ci ont toujours été discutables : ils pouvaient servir pour améliorer la vie ; ils pouvaient servir pour détruire la vie ; dans tous les cas, ils changeaient la vie et cette évolution existe depuis les origines.

Mais il est quand même aujourd'hui un élément particulier qu'il faut garder à l'esprit, à savoir qu'à défaut de « démondialiser » ou « désinventer », il existe pour la première fois une possibilité de « déshumaniser » notre planète, qui conduirait pour le coup la cinquième mondialisation à devenir la dernière ! Nous sommes aujourd'hui placés sous la triple menace d'une surpopulation grandissante (nous sommes partis pour atteindre les dix milliards d'habitants vers 2050), d'un réchauffement climatique d'origine humaine que nous n'arrivons pourtant pas à enrayer (cf le retournement politique récent des Etats Unis sur le sujet), de l'existence d'armes de destruction massive (nucléaires et peut être biologiques) dont aucun pays détenteur n'envisage de se séparer. Sècheresses et inondations résultant de changements climatiques, entrainant des migrations de masse, bloquées par tous les moyens militaires existants : ce n'est qu'un scénario parmi d'autres, mais il peut tout à fait conduire à la disparition de l'espèce humaine, voire de toute forme de vie sur Terre.

CHAPITRE 8

L'irréaliste repli national

Soit disent alors certains - à l'Extrême Droite évidemment mais aussi parfois, de façon surprenante compte tenu de son histoire passée, du côté de la Gauche radicale – les castes dirigeantes françaises nous disent que la mondialisation est irréversible, on va leur prouver le contraire. Notre programme est simple : sitôt au pouvoir, on sort de l'Euro et de l'Europe et on récupère le contrôle de nos frontières, c'est-à-dire qu'on se donne à nouveau le droit, pour les biens, d'imposer les taxes douanières de notre choix, pour les personnes, de refuser les entrées jugées indésirables.

La mode est aux jeux vidéo et étudier un tel scénario avec ses variantes ne m'apparait pas plus absurde que de réfléchir au traitement d'un débarquement d'extraterrestres, voire d'extragalactiques !

La première remarque alors est que le scénario ne doit pas être discuté à partir de la prise du pouvoir de défenseurs du projet ci-dessus mais bien avant. La France est un pays démocratique, les sondages sont autorisés (s'ils cessaient de l'être, de toute façon, nos voisins les feraient pour nous !) et dès lors que le basculement que nous envisageons apparaitrait possible, tout une série d'évènements vont se mettre en route, Les premiers ressembleront au début au scénario dit « du mur de l'argent » que j'ai rappelé au Chapitre 2, avec l'élément aggravant que, dans l'intervalle, la règle de libre circulation des capitaux a été établie.

Mais rentrons un peu dans le détail des évènements possibles, qui ne ressemblent plus guère à l'image des passeurs clandestins franchissant la frontière franco-suisse avec des valises de billets ! La forme la plus simple de « fuite des capitaux » peut résulter de la décision des exportateurs français de demander à leurs clients étrangers de retarder leurs paiements et de celle des importateurs de demander à leurs fournisseurs d'accélérer leurs livraisons, voire de leur régler à l'avance des commandes anticipées. Si l'incertitude politique dure un mois, cela peut à l'extrême signifier que, pendant cette période, les entrées de la balance des paiements françaises sont nulles tandis que les sorties sont doublées !

Cela dit, de réelles sorties de capitaux sont possibles, de la part de personnes où d'entités disposant de liquidités et les transférant en toute légalité sur un compte disponible à l'étranger. Les Traités européens ne comportant plus de « clauses de sauvegarde », les autorités françaises ne peuvent théoriquement s'opposer à cela, sauf à envoyer aux banques des injonctions (qui seront inégalement suivies) tout en demandant à Bruxelles de la compréhension et l'ouverture de discussions que certains pays accepteront informellement de faire durer jusqu'aux élections ! Cette attitude pourrait aussi « limiter la casse » à la Bourse de Paris ; elle n'empêcherait sans doute pas la nécessité de décider « in fine » de fermer l'institution ! Et c'est là qu'on retrouverait peut être - qui sait ? - finalement les éternelles valises de billets !

Bon, passons à l'étape suivante. Les partisans du repli ont gagné, ils mettent en œuvre leur programme. Sans attendre les résultats des négociations prévues par les Traités européens – le fameux Article 50 qui permet aux Britanniques de négocier laborieusement une sortie dont on voit déjà que le bilan ne sera pas brillant pour les demandeurs - des billets en francs sont mis en circulation, les salaires des fonctionnaires sont versés en francs, les comptes bancaires et les opérations financières de l'Etat sont ré-exprimés dans cette nouvelle-ancienne monnaie. Une question « de détail » apparait : à quel taux convertit-on les euros en francs ? Tant qu'on ne regarde que la vie intérieure de notre pays, la réponse retenue n'a aucune importance : on peut choisir par souci du symbole le taux officiel de passage officiel franc-euro de 2002 ; ou bien, à l'autre extrême, décider que le franc vaudra un euro à la date du changement (c'est évidemment le choix le moins perturbant pour les usagers : une baguette à 0,87 euros la veille vaudra 0,87 francs le lendemain !).

Mais, malheureusement, le monde extérieur vient se manifester : il réclame comme tous les ans le paiement des intérêts de la dette que la France a accumulée depuis plusieurs dizaines d'années et aussi le remboursement des emprunts arrivés à maturité (les fameuses « Obligations à Terme du Trésor »). La dette de la France se monte aujourd'hui à environ 97 % de notre produit intérieur brut, c'est-à-dire de la totalité de la richesse créée en une année. Le paiement annuel des intérêts est de l'ordre de 45 milliards, celui des remboursements de l'ordre de 100 milliards. Bien sûr, ces paiements doivent avoir lieu en euros (les vrais).

Les nouvelles autorités se tournent alors vers la Banque de France pour savoir quelles sont ses réserves. La réponse arrive avec célérité, la question ayant été prévue : 2.436 tonnes d'or, l'équivalent de 55 milliards d'euros en devises diverses, plus des dépôts difficilement récupérables (comme les 14 milliards placés au FMI). La valeur de l'or est de l'ordre 85 milliards d'euros mais le cours du métal est plutôt bas et ce serait stupide de vendre. Il va donc falloir emprunter !

Et emprunter d'autant plus qu'un autre problème apparait, également urgent ! Tout le monde sait ou doit savoir que la facture énergétique de la France, la balance importations-exportations, est négative d'environ 40 milliards d'euros : et c'est un chiffre minimum car fondé sur une valeur du baril à 50 dollars, le plus bas depuis longtemps. Et tout le monde sait aussi, ou doit savoir, que le pétrole et le gaz se paient en dollars. Et les groupes pétroliers qui contrôlent les raffineries françaises commencent d'alerter : leurs stocks baissent dangereusement car les clients commencent à faire la queue aux stations-services !

Le Trésor français commence donc à interroger ses prêteurs habituels pour savoir à quel taux il pourrait emprunter une centaine de milliards d'euros et de dollars. Le nouveau gouvernement ayant fait savoir urbi et orbi qu'il passerait aux oubliettes les contraintes européennes limitant le déficit budgétaire à 3 %, la somme devrait suffire dans l'immédiat. Les marchés, c'est-à-dire les banques ou les institutions financières qui prêtent habituellement à la France, sont hésitants : d'un côté ils sont inquiets devant le risque de dérapages croissants et incontrôlés, de l'autre ils se disent que la France représente quand même le 6ème PIB mondial et que le principe de réalité finira bien par s'imposer. Je veux rester raisonnable dans mon scénario : les marchés acceptent de prêter à 10 % de plus que le taux actuel soit 11 %.

Les acteurs du commerce extérieur de la France en tirent immédiatement la conclusion que le franc réintroduit vient d'être dévalué de 10 %. Les prix en francs des produits importés, dont le pétrole et le gaz, augmentent donc de 10 % (au minimum : il y a toujours des petits malins dans ces cas là pour arrondir leur marges !). Les prix des autres produits augmentent moins, selon la part des importations dans le calcul de leurs coûts. Le pouvoir d'achat des français se trouve en tout cas brutalement diminué, notamment dans un domaine très sensible car vital pour beaucoup, celui de l'essence et de la voiture, trop souvent indispensables pour se rendre à son travail. Détaillons un peu ce dernier point.

On peut facilement imaginer le discours satisfait des nouvelles autorités : le prix des voitures « étrangères » (goguenards : européennes comprises) va augmenter de 10 %, ce qui déplacera la demande vers les voitures françaises et sera créateur d'emplois. Mais qu'est-ce aujourd'hui qu'une voiture française ? Une voiture avec deux chevrons, un losange ou un lion apparaissant sur le capot ? Certes, ces éléments d'identification sont bien ceux de nos trois marques principales d'automobiles. Mais peut-on en déduire pour autant que leurs véhicules sont « français » ? Il n'en est évidemment rien : la mondialisation n'a pas épargné l'automobile ! La Citröen C1 et la Peugeot 108 sont produites en Tchéquie, la C3 et la P208 à 70 % en Slovaquie, la Twingo de Renault en Slovénie et la Clio en Turquie, la Mégane 4 en Espagne. Il reste dans l'hexagone la fabrication des voitures haut de gamme comme la Peugeot 308, la voiture la plus produite…sauf quand la Toyata Yaris (fabriquée à Valenciennes) prend les devants ! Or il se trouve que, même si la P308 est, de l'avis de ceux qui l'utilisent, très réussie, une large majorité de nos concitoyens achètent des « petites » voitures, celles qui, justement, sont fabriquées hors de France et risquent dans notre scénario de voir leur prix augmenté de 10 % ! Pour dire les choses autrement, ce serait les français aux ressources faibles et moyennes qui seraient, dans le domaine des transports, les victimes du retour au Franc ! J'ai parlé énergie et transports car c'est un domaine qui nous concerne presque tous. Mais la balance commerciale de notre pays (le solde exportation moins importations) est actuellement déficitaire d'environ 60 milliards d'euros par an et, dans bien d'autres secteurs, nôtre dépendance de l'extérieur est forte, je pense notamment à l'informatique et au textile : dans ces domaines aussi, les victimes de la dévaluation seraient d'abord les petits et moyens revenus !

Je terminerai en en revenant au scénario central, macroéconomique et financier. Les nouvelles autorités françaises ne semblant nullement impressionnées par l'endettement supplémentaire auquel elles viennent de consentir, les fournisseurs de notre pays refusent d'accepter d'être payés en francs dévalué de 10 %, et exigent des décotes de plus en plus importantes. Les exportateurs français sont dans une situation de plus en plus difficile, les importateurs aussi : leurs prix de revente augmentant, les achats de leurs clients diminuent. L'inflation s'accroit et rend de plus en plus difficile la vie des petits revenus, dont les salaires ou les retraites n'augmentent pas. Le chômage s'accroit.

Une réunion des créanciers de la France est organisée par le Fond Monétaire International. Deux décisions y sont prises : aucun nouvel emprunt ne sera consenti aussi longtemps qu'un plan d'austérité n'aura pas été accepté par les autorités françaises ; un projet de ce plan d'austérité est élaboré. A Paris, la coalition majoritaire se déchire, partagée entre jusqu'au boutistes et réalistes ; les manifestations populaires se multiplient ; l'Assemblée renverse le gouvernement en place. Un gouvernement de salut public est mis en place.

Le scénario ici présenté peut sans aucun doute faire l'objet de nombreuses critiques. J'aurais pu le détailler d'avantage afin d'éviter certaines d'entre elles que je perçois moi-même. Je doute que les compléments ou les variantes conduisent à une autre conclusion que celle-ci : **une sortie de notre pays de l'Euro et de l'Europe conduirait la France dans le monde à devenir ce qu'est aujourd'hui la Grèce dans l'Europe !**

TROISIÈME PARTIE

Réguler la mondialisation est possible

CHAPITRE 9

La lutte contre le réchauffement de la Terre

La vie, du moins telle que nous la connaissons, est possible sur notre planète car la température de sa surface demeure comprise entre -60 et +60 degrés : au-dessous de -100, au-dessus de +100, nos cellules et la plupart des plus primitifs des organismes vivants connus périraient. Cette plage de température est obtenue d'abord parce que la Terre tourne sur elle-même assez rapidement (cela aide à répartir la chaleur venue du Soleil) ; ensuite grâce à l'existence d'une atmosphère dont la circulation diminue les écarts entre zones de températures différentes ; enfin parce que la Terre peut trouver un équilibre thermique stable dans la plage de températures mentionnée plus haut. Equilibre thermique stable veut dire que la chaleur reçue et la chaleur émise par la croute terrestre sont égales et que de petites perturbations n'empêchent pas le retour à l'équilibre.

Les sources de chaleur sont deux : il y a d'abord le noyau de notre planète, et notamment sa partie liquide à environ 4000 degrés, température crée par la radioactivité des métaux qui la constituent. Il y a ensuite bien sûr le Soleil, qui nous envoie toutes sortes de rayonnements (dont la lumière !) et de jets de particules. Les émissions de la première source peuvent être considérées comme constante à l'échelle du million d'années qui correspond à l'histoire du passage de l'Homo à l'Homo sapiens. La quantité de chaleur que nous recevons du Soleil est fluctuante, au gré des cycles internes de notre étoile d'abord, au gré aussi des cycles astronomiques liés aux oscillations de l'axe de rotation de la terre et de son orbite. Ces fluctuations engendrent des cycles glaciations-réchauffements, complexes mais aujourd'hui bien connus, grâce notamment à l'analyse des carottes glaciaires prélevées aux pôles, qui permettent de connaître la composition de l'atmosphère il y a plus de deux millions d'années ! Pour arriver à un équilibre de température, la croute terrestre doit compenser la chaleur qu'elle reçoit en en réémettant une quantité égale, ce qu'elle fait en émettant elle aussi des rayonnements.

Ce système apparemment stable sur longue période peut cependant connaitre des accidents : j'en évoquerai deux. Le premier se situe dans un passé lointain par rapport à l'émergence d'Homo, mais proche par rapport aux quatre milliards d'années qui correspondent à l'âge de formation de notre planète : c'est la crise qui a conduit à la disparition des diplodocus il y a environ 66 millions d'années. Le deuxième accident peut survenir dans un futur proche : il serait la conséquence du réchauffement climatique engendré depuis deux siècles par les émissions de gaz à effets de serre résultant des activités industrielles humaines.

Les historiens du premier accident ne sont pas encore tous d'accord sur l'ordre des évènements qui se sont produits à l'époque. Je vais raconter ici l'un des récits possibles, le plus simple : une grosse météorite heurte la terre dans le Yucatan (Mexique) créant un cratère de 180 kilomètres de diamètre ; la puissance de l'impact correspond à l'explosion de plusieurs milliards de bombes atomiques type Hiroshima ; l'onde de choc traverse la terre et déclenche dans le sud de l'Inde une éruption volcanique d'une ampleur sans précédent ; les deux phénomènes envoient dans l'atmosphère des volumes énormes d'oxydes de soufre et de carbone ; dans un premier temps ces gaz brulent la surface de la Terre ; dans un deuxième, montant dans la haute atmosphère, ils font écran aux rayonnements du soleil et engendrent un formidable refroidissement, tandis que l'absence de lumière coupe la photosynthèse solaire ; plantes et herbivores (dont les fameux dinosaures) disparaissent ! Au total huit espèces sur dix auraient été victimes des évènements. La vie sur notre Terre n'a jamais été un long fleuve tranquille !

La perspective d'un accident climatique créé par l'homme a déjà été évoquée lors des premiers essais de la bombe atomique américaine en 1945 : des calculs montraient que la mise en œuvre d'une certaine quantité de ces bombes pouvait conduire, pour les mêmes raisons que ci-dessus à l'apparition d'un « hiver nucléaire ».

Le poison qu'instille dans l'atmosphère l'accumulation des émissions de gaz carbonique et d'autres Gaz à Effet de Serre (GES[2]) est plus insidieux : il n'empêche pas l'énergie du Soleil d'atteindre la Terre, ce qui serait facile à détecter ; mais il bloque par son existence une partie de la chaleur réémise par la Terre, conduisant ainsi à une élévation de température au sol.

Longtemps, une partie de la Communauté scientifique a nié l'importance de cet effet, attribuant le réchauffement actuellement en cours aux cycles solaires ou astronomiques déjà évoqués. Les résultats des travaux accumulés

---

[2] Méthane, oxydes d'azote, chlorofluorocarbones (CFC, utilisés dans les frigidaires ou les climatiseurs) et autres fluorures.

par le GIEC[3] montrent aujourd'hui sans contestation possible que le rythme actuel d'augmentation des températures sur Terre est trop rapide pour être le résultat de cycles de dizaines de milliers d'année, alors même que l'accroissement des quantités de GES dans l'atmosphère l'explique parfaitement.

La grande conférence internationale, la COP 21, qui s'est tenue du 30 novembre au 12 décembre 2015 à Paris a marqué le premier accord universel sur le climat, avec au total 195 signataires. Les principaux résultats qui ont été enregistrés sont[4] :

- Les pays industrialisés du Nord ont formellement reconnu qu'ils sont les premiers responsables de la situation actuelle.
- Les autres pays ont accepté, à certaines conditions, l'idée que suivre une trajectoire de développement identique conduirait à un suicide collectif.
- La première condition posée par ces pays concerne notamment l'importance d'assurer les transferts de technologies nécessaires du Nord au Sud, dans des conditions tenant compte de la situation des receveurs.
- La seconde condition est l'engagement d'abonder le Fond vert[5] d'un montant de 100 milliards de dollars par an à partir de 2020, afin que les pays concernés puissent faire face au plus vite aux effets négatifs en présents ou à venir du réchauffement climatique en cours.

---

[3] Groupe d'experts Intergouvernemental sur l'Evolution du Climat, créé en 1988 par l'Organisation Météorologique Mondiale (OMM) et le Programme des Nations Unies pour le Développement (PNUD).

[4] Pour une analyse plus détaillée de l'accord, voir « COP 21 : Un accord très positif, à prolonger ». NOTE n°291, Fondation Jean Jaurès, 27 janvier 2016, par Gérard Fuchs.

[5] Créé lors de la COP 16, en 2010 à Cancun.

– Enfin et surtout, a été adopté l'objectif de limiter la hausse de température en cours « bien en dessous de 2 degrés ».

Le nombre nécessaire de signatures (55 Etats, représentant plus de 55 % des émissions) ayant été atteint, l'accord est entré en vigueur en un temps record, le 4 novembre 2016.

Quelques observations alors à propos des résultats :

D'abord, c'est une grande victoire politique : le succès était tout sauf évident, venant après une série d'échecs, notamment celui, spectaculaire, de la COP de Copenhague en 2009. Ce succès doit beaucoup à l'habileté de Laurent Fabius. Il reflète aussi je crois une réelle prise de conscience des problèmes par les dirigeants et les citoyens de la Planète.

Mais ensuite, cette victoire est fragile : le succès a résulté de l'addition d'engagements unilatéraux, certes contrôlables mais dépourvus de sanctions en cas de non tenue. Et la victoire est d'autant plus fragile que tout le monde sait bien que la trajectoire sur laquelle nous nous trouvons nous emmène bien au-delà des deux degré de réchauffement ! Dit autrement, le défi auquel nous sommes confrontés n'est pas uniquement de stabiliser la somme des émissions de GES : les émissions devront continuer de diminuer après la stabilisation, qui autrement se ferait à un niveau d'élévation de températures pour lequel les climatologues ne sont pas capables de prévoir les évènements potentiellement cataclysmiques susceptibles de se produire.

Comme promis alors au début de ce livre, je souhaite accompagner mes analyses et mes critiques de propositions. Celles-ci seront au nombre de trois :

– **Proposition 1 : la création d'un organisme permanent de dix à douze membres, incluant les**

cinq pays les plus gros émetteurs (Chine, USA, Union Européenne, Inde, Russie) **et cinq à sept autres pays, représentatifs de la diversité des situations** (PMA, pays émergents, petites iles menacées de submersion…). Le rôle de ce « Conseil de sécurité climatique » serait, en liaison avec le GIEC, un rôle de suivi politique de la tenue des engagements pris et d'alerte en cas de manquements.

– **Proposition 2** : **la mise en place d'une Taxe Carbone Mondiale, taxe modulable selon le niveau de développement des pays mais taxe comportant deux caractéristiques incontournables : son niveau de départ doit déjà induire une incitation pour les émetteurs à modifier leurs comportement ; et, surtout, l'annonce de ce premier niveau doit être accompagnée de l'annonce de taux croissants pour les dix années à venir.** Ma conviction personnelle est qu'une telle taxe est une condition indispensable pour que les engagements pris à Paris soient tenus et, plus encore, pour que l'objectif « moins de 2 % » puisse être atteint

– **Proposition 3 : Veiller à ce que les engagements pris en faveur du Fonds Vert soient tenus** : c'est une proposition de morale politique, visant à garder à l'esprit que les pauvres, qu'il s'agisse de pays ou de personnes, ont moins de moyens que les riches ! Convaincre le Président du Niger, qui chaque printemps se demande si l'été sera fait de sècheresse ou d'inondations, convaincre la Présidente du Bangladesh, qui, à chaque équinoxe, se demande jusqu'où montera la marée : là n'est pas le plus difficile ! Leur garantir qu'ils auront les moyens de réaliser les projets qui accroitront la résilience de leur pays, cela est important pour que les lendemains de la COP 21 soient ce qu'ils doivent être.

J'ai évoqué en deuxième partie un scénario catastrophe enchainant surpopulation, dérèglement climatique, utilisation d'armes de destructions massives et conduisant à une « deshumanisation » de la planète. Mais il faut avoir bien conscience que la seule poursuite du réchauffement climatique en cours peut suffire à atteindre ce résultat : l'agonie collective serait simplement plus longue ! Si les dirigeants de notre planète ne comprenaient pas qu'il faut introduire des régulations mondiales pour lutter efficacement contre ce réchauffement climatique, alors, effectivement, ce que j'ai décrit comme la cinquième mondialisation serait la dernière, qui serait vécue par des hommes auxquels le qualificatif de « sapiens » aurait été trop rapidement accordé.

CHAPITRE 10

La taxation des multinationales

Le chapitre précédent a été clair : la lutte contre le réchauffement climatique coutera cher, très cher, et les pays les plus riches, les pays industrialisés, devront apporter une aide financière importante aux pays les plus démunis, qui devront à la fois accroitre leur résilience et inventer des trajectoires originales de développement. Or s'il est un résultat de la crise des « subprimes » que personne ne peut discuter, c'est que tous les Etats, même les plus grands (peut- être pas les plus petits quand ce sont des paradis fiscaux !) ont accumulé une dette publique phénoménale, qui est leur premier souci et ne les rend pas spontanément altruistes ! La mise en place de la Taxe carbone évoquée au chapitre précédent a comme raisons d'être à la fois de de changer les comportements des émetteurs actuels de GES, privés ou publics, et aussi de dégager des ressources financières nouvelles. Mais cela prendra du temps et rien n'interdit de regarder autour de nous, pour voir s'il n'est pas d'autres gisements de ressources plus rapidement mobilisables

Le premier qui vient à l'esprit bien sûr est la lutte contre fraude fiscale. Celle-ci a existé de tout temps à l'intérieur des Etats, qui ont créé au fil des siècles toutes sortes d'institutions et de méthodes pour combattre l'imagination créative des fraudeurs. Mais il faut bien reconnaitre que l'instauration de la libre circulation des capitaux a offert à ces derniers de nouveaux et fantastiques espaces. Les paradis fiscaux, qui existent depuis longtemps, ont connu une prospérité sans précédent grâce à des montages financiers habiles, qui font disparaitre des écrans de surveillance les identités réelles des détenteurs des capitaux apportés.

Et surtout, s'est développé au fil des années et du déploiement de la mondialisation, un sport nouveau qui a été baptisé « Optimisation fiscale ». Ce sport, j'ai envie de dire cet art, effectivement nouveau, consiste à payer le moins d'impôts possible, tout en respectant à la lettre les règles fiscales des pays concernés par les mouvements financiers en jeu.

Il y a bien longtemps déjà que les firmes multinationales, les FMN, s'efforçaient, ce qui n'était pas absurde ensoi, de minimiser leurs couts salariaux et fiscaux. La chaine de production pouvait comporter nombre d'étapes. Transporter les matières premières nécessaires du pays de récolte où d'extraction jusqu'aux filiales qui, dans les pays à bas salaires, assuraient une première transformation ; transporter à nouveau vers un pays à main d'œuvre plus qualifiée, pour la poursuite du process ; terminer enfin les finitions les plus délicates en Europe de façon à avoir droit au label « made in France » ou « made in UE » : ça, c'était un résumé de la partie minimisation des couts. La partie minimisation des impôts visait à déclarer le maximum de valeur ajoutée dans le pays intermédiaire à la fiscalité la plus basse ; l'outil utilisé alors était la manipulation des « prix de transfert » entre filiales de la chaine : minimiser le prix d'achat par la filiale du pays intermédiaire choisi, maximiser le prix de vente au maillon suivant de la chaine ! Comment prouver que les prix intermédiaires étaient biaisés alors qu'on ne connait pas le détail des étapes de transformation !

Mais ces pratiques, c'était celles d'avant la libre circulation des capitaux et l'expansion du rôle des paradis fiscaux. C'était aussi avant le développement des marchandises « immatérielles ». Plutôt que de raconter une histoire abstraite, je vais alors résumer un article très éducatif publié par Le Monde à propos de la société Google. L'essentiel de ses activités en Europe se situe en Irlande, qui a le plus bas taux d'IS (l'impôt sur les sociétés) de l'Union Européenne : 12,5 % (contre 33 % en France par exemple). Google a des activités importantes dans notre pays mais s'arrange pour les déclarer en Irlande (cf paragraphe ci-dessus !). Saisi par le fisc français d'une demande de redressement de plus d'un milliard d'euros, Google a réussi jusqu'ici à bien défendre judiciairement son montage et à échapper à tout paiement ! Mais, oh lecteurs, n'allez pas croire que Google paye 12,5 % d'IS en Irlande : ses bénéfices sont d'abord transférés aux Pays Bas (grâce à la libre circulation des capitaux au sein de l'Union européenne : un sujet que j'ai déjà évoqué), puis au Royaume Uni (ça ne va pas durer !) puis...aux Bermudes, territoire britannique d'outre-mer et paradis fiscal, où l'IS finalement payé par Google sera de quelques pour cents !

Le premier intérêt de cette histoire est qu'elle est à la fois banale, la quasi-totalité des FMN utilisant aujourd'hui les ressorts mentionnés ci-dessus, et exemplaire, car on voit apparaitre à peu près la totalité d'entre eux, y compris cette fois l'usage des paradis fiscaux qui s'est généralisé : un rapport révèle en 1998 que « les investissements directs » dans certains pays des Caraïbes et certaines iles d'Asie » ont quintuplés en dix ans ! Mais un autre intérêt est que, par sa simplicité même, l'histoire ci-dessus fait venir à l'esprit des idées sur le « comment rétablir une situation normale », c'est-à-dire à mes yeux une situation où une part raisonnable mais significative des bénéfices d'une entreprise, fut-elle multinatonale, sert, à travers l'impôt, à améliorer la vie dans les collectivités dans lesquelles elle opère.

De façon je l'avoue inattendue pour moi, c'est alors une organisation internationale assez ancienne, née sous l'acronyme d'« OECE »[6] et transformée ultérieurement en 1961 en « OCDE »[7], une organisation vouée par ses créateurs à la défense du libéralisme et du libre-échange, qui a commencé à s'intéresser d'abord à la lutte contre la corruption, ce qui n'était pas illogique par rapport à son rôle, puis au combat pour la transparence des paradis fiscaux, ce qui pour les auteurs des rapports initiaux était à tout le moins courageux sur le plan personnel, compte tenu du nombre de banques et de personnalités connues dont il se murmurait qu'elles pouvaient être impliquées !

L'OCDE a ainsi proposé dès 1996 un projet de Convention contre la corruption, qui a été adopté en 1997 puis progressivement ratifié et mis en œuvre par ses Etats membres. En 2000 elle présente pour la première fois un rapport sur les paradis fiscaux, comportant trois critères de définition : l'existence d'une fiscalité faible ou nulle, le manque de transparence et, surtout, le refus d'échanges d'information avec les autres pays ; qui plus est, le rapport comporte une liste des paradis fiscaux présentés comme « non coopératifs » par rapport au dernier critère. Cette publication provoque une vague d'inquiétude dans les pays concernés qui, les uns après les autres malgré plus ou moins de réticences, prennent un certain nombre

[6] Organisation Européenne de Coopération Economique, créée en 1948 pour répartir l'aide du Plan Marshall entre les pays de l'Europe de l'Ouest.

[7] Organisation Européenne de Coopération et de Développement, 18 pays européens plus Etats Unis, Canada, Japon dans ses premières années, 35 membres aujourd'hui, incluant des pays d'Amérique latine et d'Asie.

d'engagements qui leur permettent de disparaitre de la liste stigmatisante en question. Miracle, en 2009, la liste est vide, ce qui est évidemment trop beau pour être vrai ! Il apparait en effet progressivement au fil du temps soit que les engagements pris étaient trop flous, soit qu'ils n'étaient pas tenus !

C'est alors qu'un véritable coup de théâtre vient, en avril 2013, bouleverser la donne : une organisation encore à peu près inconnue en Europe, l'« International Consortium of Investigative Journalists », l'ICIJ, rend publiques à travers les principaux quotidiens de la planète, en France Le Monde du 4 avril, ce qui va s'appeler les « Offshore Leaks » : des milliers de documents confidentiels concernant personnes et sociétés titulaires de comptes dans des paradis fiscaux ! Un nouveau processus est alors engagé, visant à rogner les ailes des paradis fiscaux et dépassant de loin la seule question des firmes multinationales : j'en ferai une analyse détaillée dans la dernière partie de ce livre.

Reste alors comme champ de propositions, les deux autres anomalies qui apparaissent dans « l'affaire » Google : la question des prix de transfert et celle de l'existence de taux d'impôts sur les sociétés anormalement bas par rapport à la moyenne mondiale. J'avancerai en réaction deux propositions :

- **Proposition 4 : l'instauration d'un taux mondial minimum d'imposition sur les bénéfices des sociétés dont le chiffre d'affaire dépasse un seuil à définir et opérant dans plus de trois pays.**
- **Proposition 5 : l'instauration d'une règle de partage de cet impôt sur la base de la proportion de salariés de l'entreprise et de ses sous-traitants de premier rang travaillant dans chaque pays d'implantation.**

J'imagine que nombre de lecteurs découvrant ces propositions les traiteront d'utopiques. Je leur adresse par avance deux réponses.

La première réponse est générale : à situation sans précédent, réaction sans précédent ! Je veux bien être taxé d'uchronisme : ce que je propose n'a effectivement encore jamais existé. Mais à l'accusation d'utopisme - ce que je propose ne peut exister puisqu'on ne le trouve nulle part – j'oppose toujours la même réponse : asseyez-vous, regardez autour de vous et répondez franchement à la question : quels sont les objets autour de vous qui n'existaient pas il y a dix ans, cinquante ans, etc… c'est un exercice qui donne une autre vision des avenirs possibles !

Ma deuxième réponse est qu'il y a quand même une sorte de précédent à la première des propositions ci-dessus. Lorsque la Communauté européenne s'est lancée, avec Jacques Delors, dans la grande aventure de la création du marché unique entre ses membres, l'une des premières difficultés qui a surgi a été celle de la TVA. Pouvait-on laisser inchangés les taux des différents pays, au risque de voir les créations d'entreprises se concentrer dans le pays aux taux les plus bas, au risque aussi de voir s'engager entre les Etats membres une compétition à la baisse des taux où tout le monde finalement se retrouverait perdant ? Ou bien fallait-il- harmoniser les taux, ce qui représentait pour les Etats membres la perte d'un levier de politique économique important, voire pour certains une perte de souveraineté inacceptable ?

La réponse à ce dilemme est connue puisque l'utopie du marché unique a bien vu le jour : cela fut celle de la fixation au niveau communautaire de deux taux européens minimaux, un pour le taux réduit, un autre pour le taux normal, et cela a parfaitement fonctionné !

Je ne peux qu'espérer alors que le réflexe d'intérêt collectif qui s'est manifesté au niveau du Conseil européen d'hier, trouvera à nouveau à se manifester au niveau du G20, fut-ce avec le coup de pousse de quelques interventions extérieures !

Concernant enfin la deuxième proposition, elle offre pour moi deux avantages : elle répond aux manipulations possibles des prix de transfert par l'introduction d'un critère incontestable : les FMN cherchent à préserver leur image et le travail au noir n'apparait que chez des fournisseurs périphériques dont je reparlerai ; et si le critère que je prose à un biais, il est au bénéfice relatif des pays peu développés car c'est en général chez eux que les FMN organisent les transformations faisant appel à la main d'œuvre la plus nombreuse et la moins qualifiée.

De toute façon, le jeu est gagnant-gagnant pour tous les partenaires autres que les actionnaires des firmes concernées, qui en bénéficieront peut être quand même un peu, s'il leur arrive d'utiliser des services publics dans leur pays…

CHAPITRE 11

Transferts technologiques, échanges culturels

Le mélange des deux thèmes réunis dans ce chapitre peut apparaitre étrange. Il est volontaire.

Les progrès scientifiques réalisés dans les pays d'Europe à partir du XVème siècle sont nés de la révolution copernicienne - la terre n'est pas le centre du Monde, elle tourne autour du soleil – qui a elle-même engendré une rupture culturelle : les religions ne portaient pas avec elles tous les savoirs, il y avait plein de choses à découvrir : des continents (l'Afrique, l'Amérique), d'autres plantes, d'autres animaux, d'autres peuples, d'autres civilisations ! Il y avait plein de choses à comprendre : la chute des corps (Galilée), le mouvement des planètes (Kepler), résumés par la loi de l'attraction universelle de Newton (1643-1727) ; l'histoire de l'Homme à travers l'évolution des espèces proposée par Darwin (1809-1882) ; l'explication du magnétisme, de l'électricité, de la lumière, le tout englobé par les lois de Maxwell (1831-1879).

Les Européens se sont mis à naviguer, à explorer, à commercer, à créer des comptoirs, à conquérir des territoires devenant colonies, puis enfin à créer des empires recouvrant l'essentiel de la planète. Malgré leur supériorité scientifique et technologique cependant, il y a une chose qu'ils n'ont pas réussi à détruire : les cultures des peuples colonisés.

Et, à partir de la Première guerre mondiale et plus encore de la Deuxième, le mouvement s'inverse. L'Europe est affaiblie, les deux acteurs mondiaux principaux sont devenus les Etats Unis d'Amérique, colonie européenne émancipée, et l'Union des Républiques Socialistes Soviétiques, dont l'idéologie lui permet d'oublier qu'elle est elle aussi un empire. Les civilisations asservies réclament leur émancipation. Les deux grandes puissances, qui viennent de mener ensemble le combat contre le nazisme, ne sont pas hostiles à cette évolution, même si chacune, bien sûr, l'envisage comme se faisant à son profit ! Une floraison d'Etats, nouveaux et en même temps souvent très anciens, apparaissent ou réapparaissent, le cas le plus spectaculaire étant celui de la Chine.

Ces indépendances sont acquises parfois sans trop de problèmes, parfois au terme de révoltes (Inde), parfois au prix de véritables guerres (Indochine, Algérie, Angola). A la fin des années soixante-dix en tout cas, l'ONU est passée de 50 à 152 membres, un autre monde est né, qui grandira encore un peu dix ans plus tard, lors de la disparition de L'URSS et par là même du dernier empire existant, l'empire russe. Mais, dans ce monde nouveau, la fracture scientifique et technologique n'a pas disparu : certains pays, notamment en Asie, ont rejoint le groupe de tête, une majorité d'autres non ! Et une nouvelle technologie, pouvant comme les précédentes apporter libération ou asservissement, est apparue : Internet. C'est dans ce monde-là que l'Humanité doit œuvrer pour régler les problèmes déjà évoqués, et beaucoup d'autres aussi !

*

*   *

L'objectif de transferts de technologie est né d'un double constat :

- le premier est ancien : il existe une partie de l'Humanité qui continue de vivre avec un grand retard de développement sur les pays avancés et, que ce soit par solidarité (ne pas accepter de voir mourir un enfant alors qu'il pourrait être sauvé) ou par crainte (« Si les richesses ne vont pas aux hommes, ce seront les hommes qui iront aux richesses »), un fort courant se dégage en faveur de ce qui s'appelle « l'aide publique au développement » ; ceux qui en décident sont essentiellement les Etats.
- le second constat, plus récent, part de la certitude que si les pays encore pauvres ou connaissant de grandes poches de pauvreté, suivent le même chemin de développement, à base d'énergies carbonées, que les pays industriels anciens, alors les objectifs adoptés à la COP21 de Paris n'auront aucune chance d'être atteints ! Il faut donner des incitations au secteur privé du Nord, détenteur de l'essentiel des capacités et des méthodes de production d'énergies non carbonées, pour qu'il s'engage dans ces pays-là.

Les transferts de technologies impliqués par les deux constats sont très différents. Pour autant, les conditions de réussite des transferts sont au bout du compte semblables.

Dans le premier cas on sera très terre à terre : on parlera de sécurité alimentaire, de lutte contre telle ou telle maladie endémique, de création de réseaux d'eaux usées en milieu urbain… ; les moyens apportés seront des outils de forage, des pompes, de nouvelles variétés de semences, des campagnes de vaccinations, une aide publique apportée à tel ou tel chantier d'assainissement. Ce sera bien, il y aura des inaugurations et des discours. Et puis le temps fera trop souvent son œuvre : l'aide disparue, la pompe tombera en panne, la campagne de vaccination s'arrêtera trop vite faute d'argent, le réseau d'assainissement aura des fuites et sera abandonné… Combien de missions ai-je accomplies, dont le rapport final se terminait par ce genre de constat !

Dans le deuxième cas, ce sera au contraire grandiose : on parlera de panneaux solaires récents aux rendements les plus élevés, de fluides caloporteurs pour que la centrale solaire continue de fournir de l'électricité la nuit ; on construira des éoliennes ou des hydroliennes capables, lorsque le réseau n'aura pas besoin d'elles, de convertir leur électricité en hydrogène, puis d'inverser le processus en cas de manque de vent ou de marées. On convertira les déchets urbains avec le concours des bactéries les plus récemment découvertes, voire avec des BGM (bactéries génétiquement modifiées).

Deux mondes en apparence bien lointains mais dont j'ai peur qu'ils ignorent tous deux, même si c'est pour des raisons différentes, un point à mes yeux absolument essentiel : **il n'y a de transferts de technologie réussis que s'il y a appropriation des dites technologies par leurs destinataires.** Je m'explique,

Ma première expérience d'aide au développement a été la visite d'un puits creusé dans un village de Haute Volta (ça date je sais mais c'est l'histoire) par une ONG enthousiaste. Le puits était bien là et il y avait de l'eau au fond (ce qui n'était pas toujours le cas !). L'ONG était partie après une fête mémorable organisée par le village. Le hic : la pompe était en panne, personne ne savait la réparer ! Trente-quatre ans plus tard, au Niger cette fois, je visite un jardin maraicher de village, tenu par des femmes. Le fleuve coule en cette saison à quatre cents mètres mais l'eau est abondante, il y a une pompe et maïs et légumes poussent comme du chiendent. J'apprécie le dynamisme des animatrices et la hauteur du grillage qui protège le jardin de l'appétit des ruminants errants : tout a été bien pensé ! Je remonte dans ma voiture, lance un dernier regard sur le paysage et … aperçois une longue colonne de femmes, portant sur leur tête tous les récipients imaginables et en route visiblement vers le Niger ! Demi-tour, interrogatoire gentil et la vérité émerge : personne n'a menti, il y a bien quelqu'un au village qui sait réparer. Mais c'est un homme et il voyage beaucoup ! Question faussement naïve : ça ne pourrait pas être une femme ? Eclat de rires général : ces français, on finit par croire qu'ils nous connaissent mais non, ils n'y arrivent jamais tout à fait.

Ma première expérience de dépaysement de nouvelle technologie s'est déroulée dans le nord Mali. Je profitais de la visite technique à un ensemble de panneaux solaires récemment installés et qui ne fournissaient plus l'électricité prévue au village voisin. Point n'était besoin d'être spécialiste pour s'apercevoir dès l'arrivée que du sable avait réussi à se glisser entre les plaques photovoltaïques et leur couverture transparente, réduisant à peu de chose l'électricité créée ! L'équipe technique d'entretien en trois heures de temps démonte, nettoie et remonte les couvertures, rétablissant la puissance prévue. J'interroge le Directeur technique qui conduit l'équipe et a l'air très préoccupé : « ça s'est ensablé plus vite que prévu ? ». « Beaucoup plus me dit-il, on comptait sur un entretien tous les six mois, il va en falloir un tous les mois ! Compte tenu des frais de déplacement, au lieu de gagner de l'argent, on va en perdre. Je ne sais pas d'où est venu le sable qui est rentré, beaucoup plus fin que celui qu'on avait analysé ». Je lui suggère de faire appel à des habitants du village : les opérations conduites n'avaient pas l'air si compliquées. Il hésite : « vous savez, on a vendu le matériel à prix coutant pour avoir le marché, mais avec un contrat d'entretien rémunérateur. Si on perd le contrat, on perd de l'argent ! Et puis, on n'a pas très envie que des concurrents risquent de venir regarder notre système ». La leçon est claire : un transfert de technologie intéressant avait été réalisé par une entreprise privée, parce qu'elle le considérait comme rentable ; dès lors qu'il s'avérait que ce n'était pas le cas, elle risquait de tout arrêter. Intervention extérieure intéressante mais bâtie sur les normes de l'extérieur : le risque que cela ne marche pas est, sans surprise, important !

A nouveau alors, des propositions, deux dont la mise en œuvre suppose une réelle volonté politique, la troisième plus fondamentale dans sa nature.

- **Proposition 6 : tout projet de développement ou de transfert de technologie doit comporter deux annexes : la première doit présenter un plan de formation de personnels locaux,** qui doivent être rendus capables de faire face aux pannes matérielles les plus courantes **; la seconde doit proposer un programme de bourses dans le pays à l'origine du projet**, visant à donner aux étudiants bénéficiaires la capacité de comprendre et de maitriser la ou les technologies impliquées.
- **Proposition 7 : le Fonds Vert évoqué au Chapitre 9 doit avoir la capacité de monter des « joint ventures » avec des entreprises privées** apporteuses de technologies utiles mais non immédiatement rentables dans le cadre d'utilisation initial.
- **Proposition 8 : tous les brevets où licences existants, contribuant à la mise en oeuvre en œuvre de processus de diminution des émissions de GES, doivent être considérés comme des biens publics mondiaux**. Moyennant une juste indemni-

sation fournie par le Fonds Vert, ces brevets ou licences sont mis à la disposition de tous.

Un commentaire par proposition :

Un : en mai 1981, le nouveau Ministre de la Coopération et du Développement, Jean Pierre Cot, avait lancé une formule qui avait fait beaucoup de vagues : « Le premier devoir d'un coopérant doit être de travailler à la disparition de son poste ». Je continue de croire cette formule juste et nécessaire.

Deux : je sors d'une réception co-organisée par EDF au Laos et l'ambassade de France ; EDF est concessionnaire pour 30 ans du premier barrage du pays en terme de production hydro-électrique ; son directeur est engagé à ce que la centrale puisse fonctionner à terme avec seulement des Laotiens ; la réception fêtait, comme chaque année, le départ de trois étudiants laotiens dotés d'une bourse de deux ans pour achever en France des études qui leur permettront d'être embauchés par EDF au retour : l'engagement sera tenu.

Trois : ce livre n'a pas pour objectif d'être une contribution au débat qui s'amplifie sur la nécessité de définir des « biens publics mondiaux » mais je veux rajouter quand même un mot sur le sujet. Pour tous ceux qui considèrent que le marché ne peut régler tous les problèmes, ce qui est mon cas[8], qui se sont fait à l'idée que doivent exister des « biens publics » nationaux : réseaux ferrés ou électriques, écoles, hôpitaux, etc… : comment refuser dans le monde tel qu'il est aujourd'hui la notion de biens publics mondiaux ?

*

* *

[8] Dépasser le capitalisme (Gérard Fuchs, Editions L'Harmattan).

Les cultures des peuples colonisés ont survécu malgré la colonisation. En ira-t-il de même demain pour les peuples émancipés, et même pour leurs ex colonisateurs ? Dans un monde globalisé, de plus en plus dominé par les acteurs économiques et financiers, la culture, les cultures ne vont-elles pas devenir des marchandises comme les autres ?

La culture est chose difficile à définir. Le mot nous renvoie à l'identité des premiers groupes humains, à leur relation avec la nature à la fois menaçante et nourricière, à leurs rites nuptiaux et mortuaires, à leurs règles de vie commune.

Les premiers groupes de chasseurs cueilleurs qui commencèrent à migrer depuis le rift africain étaient sans doute animistes. Ils adoraient le soleil, qui le matin leur apportait lumière et chaleur mais le soir obscurité et terreur. Il y avait quelque chose de rassurant dans son cycle régulier mais parfois il disparaissait, mangé par une force noire qui recréait obscurité et terreur : y avait-il quelque chose à faire ou à éviter de faire pour qu'il ne soit pas mangé complètement, pour qu'il revienne plus vite, pour qu'il revienne tout court ? Le but méritait bien incantations et sacrifices, y compris humains dans les situations extrêmes ! Mais le soleil n'était pas le seul à être invoqué : l'était aussi la lune, à laquelle la fertilité des femmes était évidemment liée ; et les arbres, qui ne portaient pas toujours de fruits ; et la pluie assez mais pas trop : les désirs d'aujourd'hui n'ont pas changé !

Les arts ? La musique a dû être découverte très tôt : le choc rythmé des pierres, les stridences du bambou dans lequel on souffle comme le fait le vent, les sons que peuvent émettre des viscères ou des peaux d'animaux tendus : peut-être les puissances évoquées appréciaient-elle la musique ? La danse l'a accompagnée. La peinture est arrivée plus tard, issue de signes sur des rochers ou des arbres pour retrouver un chemin, de dessins d'animaux pour indiquer une zone de chasse : les peintures rupestres les plus anciennes connues sont datées d'environ 40.000 ans. La poésie n'avait pas besoin d'écriture : musique et chanson suffisaient pour sa naissance. La science est née plus vite que l'on imagine, à partir du constat de la récurrence du mouvement des astres, qui marquait aussi le retour des saisons et rythmait les activités humaines. Il était utile de compter les choses et les hommes : l'invention des chiffres permettait de mesurer un nombre de personnes ou d'animaux ou de jours et de mois, lunaires ou solaires.

La sédentarisation des groupes humains, devenus éleveurs ou agriculteurs, a conduit à la croissance de leur taille, à la définition de règles de vie communes. La transmission des troupeaux ou des terres rendait plus important de savoir qui était le père d'un enfant, personnalisait les relations entre hommes et femmes, conduisait à définir des règles de propriété et des codes nouveaux. Une hiérarchie sociale s'établissait qui n'était plus fondée uniquement sur la force ou l'endurance. Les premières écritures sont apparues, les chiffres bien avant les lettres !

Le nombre des humains s'est accru, la rencontre entre groupes n'a plus été le hasard d'un croisement improbable et souvent meurtrier mais le choc d'éleveurs ou de cultivateurs qui convoitaient les mêmes espaces, découvraient qu'ils n'avaient pas les mêmes rites et aussi qu'ils avaient du mal à se comprendre ! Il y a 10.000 ans, la Terre portait déjà de 8 à 10 millions d'humains, regroupés en plusieurs milliers de mondes mais ceux-ci commençaient seulement à se rencontrer[9]. Je ne sais pas quand est apparu le mot culture, avec le sens que nous lui donnons aujourd'hui. Ce que je sais, c'est que la réalité décrite par le mot existe

[9] Sapiens (Yuval Noah Harari. Editions Albin Michel).

depuis très longtemps, décrivant des communautés que rapprochait leur nature d'Homo sapiens mais aussi des différences qui rendaient souvent difficile la compréhension mutuelle.

Les cultures ont donc de profondes racines. Et pourtant, le risque existe aujourd'hui de leur éradication au profit d'une seule : la conjonction d'Internet, de la puissance de l'industrie cinématographique américaine et du libre-échange peut en effet conduire à ce résultat qui serait à mes yeux aussi catastrophique que la fin de la biodiversité.

J'irai vite sur les données du problème, qui sont bien connues. Au départ est une ambiguïté réelle : le cinéma crée des œuvres et à ce titre a toute sa place dans le monde des Arts. Mais le cinéma en même temps est une industrie qui doit produire et vendre, le produit des ventes devant au moins couvrir les frais de production. La tentation de la vente à l'étranger pour améliorer le quotient précédent s'impose alors d'elle-même. Hollywood c'est lancé dans cette aventure après la guerre de 14-18, en profitant du vide créé par le conflit en Europe. Le cinéma américain a poursuivi ses conquêtes jusqu'à ce jour, en ne rencontrant de résistance que dans quatre pays : la France et le Japon d'une part, où les productions nationales continuent de représenter autour de 30 % des films projetés ; l'Inde, qui s'est lancée dans une politique réussie de production de films dans les langues des différends Etats de l'Union : cela protège son marché mais rend difficile l'exportation de ses succès intérieur ; la Chine enfin, qui visiblement a défini et met en œuvre une politique cinématographique tout en contrôlant les influences extérieures (45 films américains, 7 films français autorisés en 2014) et pour laquelle des données chiffrées sont difficiles à obtenir. !

La culture n'est pas une marchandise, chaque culture est le fruit d'une longue histoire et reflète des identités différentes. Le 20 octobre 2005, une Conférence Générale de l'UNESCO adoptait une « Convention internationale pour la protection et la promotion de la diversité des cultures », à la très large majorité de 148 voix contre 2 et 4 abstentions. L'une des voix « contre » était, sans surprise, celle des Etats-Unis, l'autre était celle d'Israël dont le gouvernement craignait l'apparition de références ultérieures à une culture palestinienne. Le texte affirme pour la première fois dans le Droit international la « nature spécifique » des biens culturels. Il reconnait aux Etats la faculté de soutenir l'action culturelle en vue de préserver la diversité des expressions. La décision annoncée fin 2011 par les Etats Unis de suspendre le versement de leur contribution budgétaire à l'UNESCO souligne l'importance pour eux des enjeux financiers et politiques du sujet.

Deux propositions alors :

- **Proposition 9 : pour que la mondialisation représente un soutien et non un risque pour les diversités culturelles enracinées dans l'Histoire, le Traité fondant l'OMC doit être complété par un additif indiquant que l'Organisation ne peut prendre de décisions concernant le mouvement des biens culturels sans un avis favorable de PPl'UNESCO.**
- **Proposition 10 : l'apparition de sites internet dans des langues encore non utilisées doit être conditionnée à la mise en place simultanée de sites de traduction dans au moins trois autres langues dont au moins deux des six langues officielles des Nations Unies.**

La première proposition se passe de commentaires, je reviendrai plus loin sur sa réalisabilité. La seconde vise à réduire l'effet « Tour de Babel » évoqué au Chapitre 7. Sa mise en œuvre peut demander le soutien de Fonds internationaux liés aux Nations Unies (PNUD, UNESCO)

CHAPITRE 12

Un socle de droits sociaux

Pour les tenants du libéralisme économique, je l'ai déjà dit, la libre circulation des biens, des services et des capitaux ne peut conduire qu'à un optimum mondial. J'ai déjà expliqué cependant pourquoi dans un pays donné – et j'avais pris l'exemple de mon pays, la France – la réalité pouvait se traduire par de fortes détériorations de situations individuelles, du fait du chômage notamment, et par des distributions de revenus et de richesses inacceptables.

Je voudrais maintenant balayer à grands traits les effets de la mondialisation libérale pour différentes catégories de pays, des plus pauvres aux plus riches : ce sera ma façon d'entrer dans le sujet du chapitre.

Je commencerai donc par les PMA, les pays les moins avancés. Dans la plupart des cas, ceux- ci n'ont pas bénéficié d'investissements industriels nouveaux du fait de la mondialisation : manque de main d'œuvre formée suffisante, infrastructures de transport inadaptées, etc… Une exception cependant pour les pays asiatiques et l'activité textile : Bangladesh, Laos et Myanmar, qui ont une tradition multiséculaire dans ce domaine, ont su attirer des capitaux étrangers qui leur ont permis de passer de l'artisanat local à l'industrie mondiale (pour le Bangladesh, ex colonie britannique, le passage avait commencé depuis longtemps et a seulement changé d'échelle !). Coté revenus, c'est un plus pour ces derniers pays, j'aborderai plus loin la question des conditions de travail.

Dans la plupart des cas cependant, la mondialisation a entrainé un recul des protections qui favorisaient le développement du pays. Ainsi les pays liés à l'Europe par ce qui s'est longtemps appelé la Convention de Lomé, ont vu disparaitre deux mécanismes d'assurance qui étaient bien utiles à leur programmation budgétaire : le Stabex qui garantissait un niveau de revenu minimum pour les exportations agricoles en cas de chute de certains prix mondiaux ; et le Sysmin qui, avec d'autre modalités, couvrait le champ de certains produits miniers.

Par ailleurs, le démantèlement des droits de douane agricoles qui permettaient à ces pays de vivre en relative autosuffisance et en améliorant la qualité et la diffusion interne de leurs produits, a le plus souvent eu pour effet de casser ces efforts : j'ai connu un Dakar où l'on mangeait des « poulets bicyclette » avec des galettes ; aujourd'hui on mange des poulets congelés bretons avec des baguettes (de pain) ; et l'aide au développement, au lieu de se consacrer à l'agriculture, consomme de plus en plus d'argent pour équiper en assainissement, eau potable et électricité les bidonvilles désespérants enfantés par l'exode rural !

Si nous jetons ensuite le regard sur les « Pays intermédiaires », on constate qu'ils ont été les grands gagnants de la mondialisation. Les zones industrielles se sont multipliées, embauchant des agriculteurs devenus trop nombreux du fait de la croissance démographique résultant de l'amélioration des systèmes de santé et prêts à quitter leur terre pour devenir ouvrier d'industrie avec un revenu plus élevé. Les conditions de travail sont le plus souvent éloignées des normes européennes mais, au début au moins, cela ne choque pas des ruraux, habitués à être dans leur champ du lever au coucher du soleil. Il arrive cependant un moment où les rythmes deviennent insupportables par leur répétition et leur vitesse et où une hausse salariale apparait comme devant être la contrepartie minimum pour continuer d'accepter la situation !

Qu'en est-il enfin de la situation pour les pays industriels anciens ? J'ai déjà donné, au Chapitre 5, un exemple vécu du chômage qui, logiquement, accompagne une délocalisation. A partir du milieu des années soixante-dix, tous les pays industriels anciens ont connu la même évolution : la délocalisation des industries traditionnelles ou, en tout cas, de leurs fabrications les moins sophistiquées. J'ai vu des photos de la « rust belt » américaine, cette région qui vivait de la sidérurgie et de l'automobile : j'avais l'impression de revoir des souvenirs de Lorraine ! L'honnêteté oblige à dire que la modernisation des processus de fabrication (introduction de procédures automatisées, de robots, etc...) est également un élément explicatif des licenciements de la période et que le partage entre les deux causes n'est pas toujours facile à évaluer ! Les salariés les plus touchés en tout cas ont été majoritairement les moins qualifiés, ceux qui n'avaient jamais pratiqué qu'un seul métier, un métier dont la délocalisation ou la disparition n'était pourtant pas toujours imprévisible : je pense à la disparition des usines Kodak en France, persévérant dans l'argentique alors que le numérique s'imposait ! Pour être complet, il faut enfin évoquer la pression sur les bas salaires qu'a introduit l'ouverture d'une compétition devenue mondiale : l'alternative souvent présentée était et demeure délocalisation et perte d'emplois ou blocage des salaires et durcissement des conditions de travail, la deuxième option ne garantissant en aucun cas le non recours final à la première...

Dans ces conditions, le rôle des protections sociales - droit du travail, salaire minimum, indemnisation du chômage, etc…- et des organisations syndicales devient évidemment central. Mais le problème à affronter est que si l'économie est devenue mondiale, le Droit du travail est demeuré pour l'essentiel national et que, malgré leurs efforts, organisations internationales et confédérations syndicales sont loin encore d'avoir au niveau global le poids qui est ou a été celui de leurs membres au niveau de la plupart des pays. Je reviendrai dans la quatrième partie du sur le rôle qui devra être celui des acteurs politiques et sociaux pour introduire de nouvelles règles mondiales, je voudrais ici rappeler le rôle des institutions déjà existantes, avant de présenter, comme dans les chapitres précédents, mes propositions de régulation.

La première institution que j'évoquerai est évidemment l'ONU, à qui l'on peut certainement reprocher beaucoup de manques dans ses interventions (ou non interventions !) mais pas de ne pas avoir énoncé ses objectifs. La Déclaration universelle des Droits de l'homme de 1948, dans ses articles 22 à 25, énonce le droit au travail, à la sécurité sociale, à la protection contre le chômage, à une durée du travail raisonnable, à un niveau de vie suffisant. Elle énonce surtout le droit de fonder des syndicats et de s'y affilier « pour la défense de ses intérêts ».

Autre organisme, l'Organisation Internationale du Travail, créée en 1919 puis intégrée à l'ONU en 1946 comme « Institution spécialisée ». L'OIT siège à Genève et est une organisation tripartite, Etats, employeurs et salariés. Son rôle est d'élaborer des normes internationales du travail et de veiller à leur application. Le premier principe qui la guide figure dans le préambule de sa Constitution et affirme : « Le travail n'est pas une marchandise ». L'OIT réunit au moins une fois par an une « Conférence Internationale du Travail » où chaque Etat membre de l'ONU a quatre représentants : deux pour le gouvernement, un pour les employeurs, un pour les salariés. La Conférence adopte des recommandations définissant des normes internationales du travail inspirées de la Déclaration de 1948. Un Conseil d'Administration décide des programmes d'action ; il est composé de 56 membres : 14 pour les employeurs, 14 pour les salariés, 28 pour les Etats (dont 10 permanents pour les Etats les plus industrialisés et 18 élus à la Conférence). Le CA élit le Directeur général du « Bureau International du travail », secrétariat permanent de l'organisation qui gère près de 2000 fonctionnaires et plus de 800 experts en mission. A noter que l'OIT a une collaboration avec l'OMC, l'Organisation mondiale du Commerce, à travers notamment l'élaboration de rapports communs au contenu intéressant : un de ces rapports a par exemple mis en évidence l'accroissement des inégalités, notamment au détriment des salariés les moins qualifiés…

Fixer des objectifs sociaux, définir des normes à respecter pour qu'ils soient atteints, présenter des rapports sur l'observation ou non de ces règles : tout cela constitue une activité éminemment louable, qui a cependant vite fait de trouver ses limites si aucune sanction n'existe qui vienne punir les manquements ! Je vais alors avancer deux dernières propositions pour commencer de combler le vide qui existe entre le souhaité et le réel, puis je présenterai une proposition plus globale pour terminer ce chapitre sur les droits sociaux au niveau mondial :

– **Proposition 11 : les Firmes Multinationales doivent non seulement garantir qu'elles et leurs filiales respectent les normes de l'OIT ; elles doivent étendre cette garantie à l'ensemble de leurs fournisseurs.**
– **Proposition 12 : l'Organisme de Règlement des Différends de l'Organisation Mondiale du Commerce doit intégrer dans ses critères de jugement le respect des normes adoptées par l'OIT.**

La première de ces propositions a un côté un peu pervers que je veux assumer pleinement. Les grandes sociétés multinationales, et particulièrement celles qui vendent leurs produits directement au public, et encore plus particulièrement celles qui travaillent dans « le luxe », aiment bien non seulement que leurs clients aiment leurs produits mais aussi qu'ils les aiment elles ! D'où une débauche de publicité parfois surprenante indiquant que tous les salariés de la firme, même dans les pays les plus pauvres et les moins démocratiques, sont traités dans le respect des normes internationales. Et, sauf dérapage qui peut arriver partout, ces assertions s'avèrent le plus souvent fondées.

Dans la plupart des cas en effet, les vraies usines, celles dont on parle peu et que l'on visite encore moins, sortent des productions qui n'ont pas encore d'étiquettes ! Et il faut un drame, l'incendie d'un bâtiment industriel qui s'effondre en faisant plus de mille victimes comme cela a été le cas au Bangladesh en 2013, pour entendre parler des destinataires réels des produits fabriqués. Dans le textile, on vous raconte le plus souvent que ces usines font de la fabrication bas de gamme réservée aux marchés locaux. Pour l'usine de Savar, deux noms connus avaient quand même fini par circuler…

Pourtant, si l'on est un peu curieux et un peu bavard, il n'est pas trop difficile de trouver de trouver des salarié(e)s de boites aux noms inconnus de la plupart, mais qui font travailler des centaines de personnes dans des conditions dignes du 19ème siècle. Récemment, dans un autre pays d'Asie du Sud Est, j'ai eu l'occasion d'interroger une très jeune femme sur la durée de son travail dont je venais de voir le rythme. C'était devant son chef d'atelier et davantage pour marquer l'intérêt d'un visiteur sur le sujet que dans l'attente d'une réponse scandaleuse. Elle ne le fut pas en effet : huit heures par jour me dit-elle tandis que son chef avait un bon sourire. Hasard ou nécessité, je la retrouve plus tard sur une pirogue de transport et lui demande cette fois : combien de jours par semaine ? Je n'oublierai jamais la réponse : « tous les jours du mois sauf le jour de la pleine lune… » Même si elle n'avait pas menti sur sa semaine, elle travaillait quand même autour de 240 heures par mois !

Ma deuxième proposition va de soi, surtout après que j'aie évoqué déjà un droit d'intervention de l'OIT dans des conflits commerciaux impliquant des biens culturels. Certains lecteurs me trouveront vraiment utopique, on verra bien ! J'ai longtemps, avec Michel Rocard, combattu les éléments de programme politique dont les spécialistes savaient qu'ils ne pouvaient pas mis être en œuvre : non au mensonge ! Mais je n'étais pas d'accord avec lui lorsqu'il allait plus loin en disant parfois : « il ne faut pas faire rêver ! ». Comment unifier des forces capables de changer le monde économique et financier actuel, si elles n'ont pas aussi en partage une part de rêve !

J'en arrive alors à ma dernière proposition programmatique, que certains ne verront peut-être que comme la création d'un outil, alors qu'il s'agit pour moi d'une méthode pour piloter le changement pour une autre mondialisation !

Je commencerai par un peu d'histoire, à l'adresse en particulier de ceux qui n'ont pas connu la France d'avant 2006, parce que trop jeunes ou pas encore intéressés par la politique !

Après la fin de la deuxième guerre mondiale, la France se lance dans une grande opération de reconstruction-modernisation et décide pour la piloter de construire un organisme nouveau qui va s'appeler le Commissariat Général au Plan (CGP) et est rattaché directement au Chef du gouvernement (Nous sommes au début de la 4ème république et la France n'a pas encore de Président). Il ne s'agit pas de mettre en place une planification à la soviétique, qui s'occupe de tout et prétend se substituer au marché, mais de définir une stratégie avec des objectifs, qui permette d'utiliser au mieux et de façon cohérente les moyens existants (et notamment l'aide américaine arrivant à travers le « Plan Marshall »).

Le Plan, comme il fut vite appelé, élaborait des documents quinquennaux, adoptés après débat par le Parlement et qui définissaient une trajectoire économique et sociale de référence. Son originalité et son efficacité tenaient à son mode de fonctionnement : d'abord des réunions d'experts, spécialistes de toutes les disciplines jugées utiles, qui analysaient les tendances en cours mais aussi les bouleversements attendus et les ruptures imaginables, et définissaient des scénarios de référence ; ensuite des discussions tripartites, Etat, patronat, syndicats de salariés, qui essayaient de se mettre d'accord sur une orientation économique de référence et des objectifs sociaux à atteindre à l'horizon des cinq ans. Les politiques avaient le dernier mot et le Plan adopté pouvait être décliné avec les grandes entreprises publiques et, à partir de 1981, les régions, débouchant sur des plans sectoriels et régionaux.

Le mélange intelligent de la prospective et d'une confrontation organisée entre les différents acteurs économiques et sociaux a permis le succès des premiers plans. La mise en oeuvre d'un libre échange économique, de moins en moins attentif aux conséquences sociales des décisions prises, et d'une libre circulation des capitaux, échappant de plus en plus à tout contrôle, a progressivement vidé la « planification à la française » de sa crédibilité : il y avait de plus en plus d'imprévus extérieurs rendant caducs les anticipations avancées, et le monde patronal avait recouvré assez de forces pour ne plus trouver d'utilité à l'intervention de l'Etat. Une tentative de relance du Plan en 1981, à travers une prise en compte plus importante des régions, ne put être concluante et le décès du CGP fut officiellement annoncé en mars 2006.

Entre temps, la mondialisation libérale avait fini de s'imposer. Les grandes multinationales dirigeaient le monde économique et financier. Elles ignoraient superbement des Etats qu'elles n'avaient d'ailleurs plus l'occasion de rencontrer et pour cause (sauf évidemment, on l'a vu, en cas de crise !).. Le plus grand nombre des salariés qui travaillaient pour elles avaient été externalisés et n'était pas en situation d'émettre des revendications de nature à les perturber. Le monde était cohérent ; cruel, injuste voire scandaleux, mais cohérent !

Bien sûr, l'idée de planification n'a pas disparu : toutes les FMN ont leur cellule d'analyse et de prévision, qui élaborent des stratégies compliquées et de long terme pour accroître leur influence et leurs profits. Il n'existe plus aujourd'hui qu'une collectivité multinationale qui ne s'est pas dotée d'un tel instrument : la collectivité des habitants de la Planète Terre ! D'où ma dernière proposition :

- **Proposition 13 : créer un CGPP, un Commissariat Général au Plan Planétaire, où des experts analyseraient les tendances en cours, les bouleversements attendus et les ruptures imaginables** (salut au lecteur qui s'aperçoit que je reprends mot pour mot une phrase déjà écrite il y a quatre paragraphes !). **Des scénarios de référence seraient établis autour de quatre priorités :**
  - **Ramener le plus rapidement possible le réchauffement planétaire en cours en dessous du niveau +2 degrés par rapport au début de l'ère industrielle.**
  - **Réduire l'écart des revenus entre la moyenne des 1 % les plus riches et des 10 % les plus pauvres de la planète.**

- **Rendre obligatoire les normes sociales déjà adoptées par l'Organisation Internationale du Travail.**
- **Développer dans chaque pays un système de formation initiale et permanente qui permette à chaque licencié pour cause économique de retrouver un travail ou une activité.**

Il n'est pas d'objectif souhaitable qui soit en lui-même irréalisable : il est ou n'est pas réalisable en fonction des forces physiques et humaines qui peuvent être mises en jeu pour l'atteindre. Compte tenu de l'état actuel des connaissances, des conditions actuelles de la vie des hommes, des technologies existantes pour améliorer cette vie et non la rendre plus difficile, le combat pour une autre mondialisation peut-il être gagné ? Là est la question ! Je vais présenter ma réponse.

QUATRIÈME PARTIE

Les acteurs existent pour le changement

CHAPITRE 13

Les bases sociales

Construire une autre mondialisation ; et, pour cela, mondialiser la Gauche qui, par essence, constitue l'acteur politique naturellement porteur d'un tel projet ; et, pour cela encore, commencer par reconstruire une Gauche française aujourd'hui fracassée, éparpillée, coupée d'une bonne partie de ceux qui devraient constituer sa base sociale : voilà les trois étages de la fusée à construire, du bas vers le haut bien sûr ! C'est si simple à dire ou écrire. C'est si compliqué à mettre en oeuvre !

C'est simple au niveau du principe : Il est évident que c'est parmi les victimes où les laissés pour compte du monde d'aujourd'hui que se trouveront le plus naturellement les acteurs les plus déterminés de la construction d'un autre monde.

Mais il faut nous faut reconnaitre ensuite que nous ne sommes plus au temps de Marx : la notion de « base sociale » n'a plus la simplicité qui était la sienne au début de l'ère industrielle, ou encore à l'apogée de l'industrialisation au lendemain de la deuxième guerre mondiale. Alors que l'exode rural entamé à la fin du dix-neuvième siècle se terminait dans les années soixante en France, l'industrie apparaissait dans l'après- guerre comme la force motrice essentielle de l'économie, celle qui drainait de plus en plus tous les emplois. Et l'analyse politico sociale de l'industrie était simplissime : il y avait le bloc des propriétaires des capitaux et des machines qui, pour accroître leurs profits, exploitaient durement un autre bloc : celui des salariés-ouvriers, aux conditions de travail souvent infernales et aux salaires maintenus au plus bas possible. Et quand on regardait la vie dans les « bastions ouvriers » de l'époque – les mines, la sidérurgie, l'automobile- des milliers voire des dizaines de milliers de travailleurs rassemblés sur chaque site, avec des syndicats organisés et puissants, avec des partis socialiste ou communiste qui se réclamaient de la classe ouvrière, quand on regardait tout cela, l'issue ne faisait pas de doute : ce serait peut-être long et certainement dur ; mais la capitalisme finirait par céder la place au socialisme, qui ferait enfin disparaitre l'exploitation de l'homme par l'homme, un système qui ne pouvait qu'être une parenthèse historique !

Mais s'il y avait communauté de vue sur les buts, des dissensions importantes existaient à gauche sur les moyens. Gagnant en apparence au Congrès de Tour en 1920, où il avait été majoritaire à défendre l'idée de « Dictature du prolétariat », le Parti communiste commençait à se trouver en difficulté devant la réalité de la situation en URSS : certes la mise entre parenthèse de la démocratie avait permis la prise du pouvoir grâce à la révolution de 1917 ; mais la parenthèse n'en finissait pas de durer el les échos qui arrivaient de Moscou indiquaient l'établissement durable d'un véritable régime totalitaire, à coup sûr d'une autre nature que le nazisme qui venait d'être défait, mais n'ayant rien à voir, en dehors du vocabulaire, avec les idéaux de départ. La mise en lumière des réalités du stalinisme, y compris ses camps de travaux forcés pour les dissidents de tous types, le trop fameux « Goulag », allait complétement changer la donne politique en France, isoler le PC et éloigner la Gauche du pouvoir, jusqu'à ce que la signature du « Programme commun » en 1972 lui permette, grâce à son unité retrouvée, de gagner la Présidentielle de 1981.

Et, durant cet intervalle de temps, la roue de l'histoire avait continué de tourner. La mondialisation libérale avait commencé de se mettre en marche avec ses délocalisations d'entreprises et ses dérégulations financières : je ne reviens pas sur les déboires de la Gauche après sa victoire de1981, déboires déjà analysés au Chapitre 2 ! Quelques chiffres cependant pour illustrer les conséquences sociales des mutations engagées. Entre 1970 et 2011, la population active occupée en France est passée de 22 à 26 millions de personnes (source INSEE), l'emploi dans l'agriculture a diminué de 2,5 millions à 650 mille, dans l'industrie et la construction de 7,7 millions à 5,1 millions, tandis que l'emploi dans les services augmentait de 11,3 à 20,6 millions de personnes. Dans le même temps, le nombre de chômeurs a bondi de 550 mille à 2,6 millions de personnes !

Pendant cette période, trois nouveautés sont intervenues. D'abord l'apparition de la robotisation : si la fermeture progressive des mines françaises et le déclin de notre sidérurgie ont eu comme cause principale la mise en concurrence avec des activités lointaines plus rentables, l'automobile par exemple exigeait un niveau de qualité laissant à la France et aux autres pays européens tous leurs atouts. Dans ce cas, le remplacement de beaucoup d'ouvriers spécialisés (spécialisés sur leur chaine de montage !) par des robots de plus en plus intelligents, n'a pas fait disparaitre les usines de production mais elle a réduit, parfois de 80 %, leurs effectifs : les « bastions » sont devenus de simples points d'appui ! Ensuite, dans la même période, des profils nouveaux d'ouvriers sont apparus, diffusés dans de petites entreprises intervenant souvent comme sous-traitants : dans le bâtiment, dans les services et jusque dans de grandes entreprises ayant externalisés certains travaux, je pense aux « entretiens programmés » des centrales nucléaires d'EDF par exemple ! La définition et le comptage des « ouvriers » est donc devenue plus difficile : Ils représenteraient aujourd'hui environ 20 % de la population active, ce qui reste important mais est loin des 40 % des années soixante-dix. Par contre, dans ce qu'on appelle aujourd'hui les « services », beaucoup des tâches apparues ne sont pas sans rappeler, par leur côté répétitif et tendu, les conditions de travail des ouvriers du siècle précédent : y a-t-il vraiment une différence de nature entre le travail traditionnel d'un ouvrier sur une chaine et celui d'une caissière de supermarché ?

Sans retenir ces salariés des services mais en tenant compte des deux premières évolutions, le nombre actuel d'ouvriers serait d'environ 6,3 millions de personnes. SI l'on ajoute la catégorie ci-dessus, on peut conclure qu'existe numériquement en France, une sorte de « nouveau prolétariat » de taille tout à fait imposante. La lucidité implique cependant de dire qu'il existe une grande différence avec les périodes antérieures : pour les ouvriers d'aujourd'hui, qui vivent dans des entreprises de taille moyenne, voire dans de (relativement) petites structures, et plus encore pour les nouveaux salariés des services, aux conditions de travail plus souvent comparables qu'on imagine, il existe une différence majeure avec le monde ouvrier d'une ou deux générations avant : le taux de syndicalisation est beaucoup moins élevé et avec lui la capacité d'organisation et de mobilisation.

Il serait évidemment tout à fait stupide pour la Gauche de demain de faire table rase d'un passé qui reste très présent. Mais il convient d'aller plus loin dans l'analyse de ce présent, qui offre je crois des possibilités nouvelles de mobilisation de catégories plus vastes.

*

*   *

Je pense que l'approche traditionnelle exploiteurs-exploités rappelée ci-dessus, même actualisée, ne suffit plus à rendre compte de façon politique et syndicale de la structuration de la société française ou des autres sociétés industrielles, qui subissent également les mutations et les chocs résultant de l'établissement de la mondialisation libérale.. **Face à cette mondialisation qui a modifié tous les repères, il faut me semble-t-il introduire un autre clivage : celui de la place « exposée » ou » protégée » qu'occupe chaque personne par rapport au processus en cours, avec ses bouleversements de l'emploi au Nord, ses conditions de travail au Sud et son accroissement des inégalités partout. Pour dire les choses plus brutalement, il faut cesser de réfléchir exclusivement en termes d'exploitation et réintroduire dans la réalité sociale et politique des pays développés les chômeurs et ceux qui sont menacés de l'être : c'est eux que j'appelle les « exposés ».**

En fait, pour éviter mauvaise compréhension ou procès d'intention, je commencerai par parler des **« protégés ».** J'appelle « protégé »[10] quelqu'un dont l'emploi apparait comme non délocalisable ou non substituable dans le monde d'aujourd'hui. Quelques exemples évidents d'abord : les services à la personne, les services de proximité, les activités liées à l'entretien de la nature, les services publics (ce qui ne veut pas dire que certains gouvernements ne veuillent pas réduire leurs effectifs mais jusqu'à présent, même la Droite dure n'a pas osé parler de licenciements !) ; ensuite une bonne partie des activités du

---

[10] Le premier « inventeur » de cette dichotomie est, à ma connaissance, Jean Noël Giraud, dans son livre « l'inégalité du Monde (Folio).

bâtiment (les emplois correspondant à une certaine qualification), les activités liées aux énergies renouvelables... A noter qu'aujourd'hui une entreprise peut être à capital public sans que tous ses salariés soient pour autant protégés ; c'est le cas par exemple d'Air France, dont l'Etat et les salariés ne contrôlent plus que 23 % du capital et qui est engagé dans une compétition mondiale devenue farouche tout en demeurant marquée par des habitudes héritées d'un monde où n'existaient que des compagnies nationales. Et, à l'inverse, il peut exister des salariés protégés dans des entreprises en difficultés : un bon comptable ou un chauffeur expérimenté sait qu'il arrivera sans trop de difficulté à retrouver un emploi dans une économie qui continue de croître !

Si l'on parle maintenant des **« exposés »,** la situation est également simple et compliquée. Le principal critère d'exposition pour un salarié est sans aucun doute le risque de délocalisation de son entreprise et de son emploi. Mais, comme on vient de le voir, beaucoup dépend en fait de l'emploi : si l'on revient à l'exemple du textile, le risque apparait élevé mais il existe aujourd'hui en France des entreprises textiles qui marchent très bien, fabricant des tissus haut de gamme ou des tissus très spéciaux exigeant des techniques de pointe pour leur production ; souvent d'ailleurs on s'aperçoit que ces entreprises ont été fondées par des ingénieurs d'entreprises délocalisées qui ont profité de leurs connaissances pour lancer leur propre activité, parfois en entrainant d'autres salariés. Par-delà le risque de délocalisation dans une branche ou un secteur, c'est aussi le critère du niveau de qualification du salarié qui importe pour qu'il se retrouve ou non dans la catégorie à risque d'exposé !

Pratiquement, l'appartenance à la catégorie exposé apparait donc dépendre de de trois facteurs : le fait que l'activité dans laquelle on travaille est en voie de disparition au titre d'une technologie périmée : c'est le cas évident des technologies argentiques remplacée par le numérique, d'une bonne part de la sidérurgie alors que l'acier est remplacé par des matériaux « composites » dans l'industrie automobile ou aéronautique, etc… ; le fait que le produit que l'on fabrique peut être obtenu à un cout bien moindre dans des pays en développement à bas salaires : exemple type, le textile ; le niveau de formation insuffisant des salariés, notamment face à la généralisation de l'usage des nouvelles technologies. Ces trois facteurs expliquent le pourquoi de l'importance que j'ai donnée au chapitre 12 à ma défense de la planification, qui doit se préoccuper de nos trajectoires dès l'école et contribuer à la définition des contenus d'une « formation permanente tout au long de la vie », un de ses objectifs les plus importants !

*

* *

Je n'ai évoqué jusqu'ici que la question des bases sociales de la Gauche en France et dans les pays industrialisés comparables, notamment en Europe. Mais puisque mon propos central est celui de la mondialisation de la Gauche, l'examen doit être poursuivi pour les autres catégories de pays, pays en développement et pays dits « intermédiaires ».

Pour la plupart des pays en développement, le capitalisme est un produit importé qui pratique une exploitation sans états d'âme, le plus souvent à travers des sous-traitants de FMN étrangères.

J'ai déjà évoqué le drame textile survenu en 2013 au Bengladesh et les 240 heures par mois constatées dans un pays voisin mais il n'y a pas que le textile comme activités. Il y a aussi les mines de toute sorte, où les conditions de travail sont tellement dures qu'elles finissent par engendres des révoltes, qu'il s'agisse des mines d'or du Burkina ou des mines de cuivre du Congo ou de Zambie (ces dernières ayant comme caractéristique intéressante d'être gérée par une entreprise chinoise). Et il y a aussi bien sûr les grandes plantations agricoles, de cacao ou de café, d'huile de palme ou de bananiers : les conditions de travail sont souvent ultra dures et les révoltes existent aussi, comme au Cameroun. Le rôle du syndicalisme international, j'y reviendrai, est parfois décisif pour améliorer les situations les plus inhumaines. Une note particulière concernant le domaine agricole ; dans les grandes exploitations que j'évoque, une autre constatation est que non seulement les conditions sociales du travail mais aussi ses conditions environnementales sont désastreuses. Dans ce domaine aussi, le « socialisme » à la chinoise apparait encore pire parfois que le capitalisme : dans beaucoup de plantations, non seulement sont utilisés des pesticides interdits au Nord mais les salariés ne bénéficient même pas des protections minimales qui assureraient leur sécurité : ce n'est plus du nombre des accidents du travail que l'on parle alors mais du nombre des décès d'ouvriers, presque toujours en dehors du périmètre de la plantation bien évidemment, ce qui permet à l'entreprise gérante de se dégager de toute responsabilité !

Un dernier mot concernant l'agriculture traditionnelle. Les gouvernements des PMA, parfois avec le souci positif d'améliorer le sort des petits agriculteurs, parfois par peur que des émeutes de la faim n'emportent leur régime autoritaire, prennent souvent des mesures pour que soit dépassé le stade de l'autonomie alimentaire familiale et que les campagnes arrivent à nourrir des villes en expansion continue. L'idée d'induire ainsi un processus de modernisation des campagnes est en soi une très bonne idée ; encore faut-il qu'elle ne soit pas mise en péril par les importations massives de produits alimentaires extérieurs :

j'ai déjà évoqué la question à propos de l'OMC et du Sénégal, avec les conséquences désastreuses auxquelles peut conduire un libre échange destructeur pour les récipiendaires.

Pour en revenir au thème de ce chapitre, la situation, la plus fréquente hélas, où le gouvernement d'un PMA ne fait rien pour freiner les importations agro-alimentaires, peut conduire les pratiquants de l'agriculture familiale soit au maintien sur place dans la pauvreté, soit à un exode vers les villes et une pauvreté encore accrue : autant de facteurs qui peuvent amener les victimes à la contestation du système et à devenir un élément très important de la base sociale mondiale dont j'essaie de définir les contours possibles, s'ajoutant aux ouvriers des mines ou des plantations industrielles évoquées plus haut.

*

* *

Reste la catégorie des pays « intermédiaires ». Sa dénomination même montre son hétérogénéité : entre les fameux « BRICS » (Brésil, Russie, Inde, Chine et Afrique du Sud) d'un côté, qui sont déjà dans leur région des puissances, et les pays petits et moyens de l'Amérique latine, du Sud de la Méditerranée, et de l'Asie du Sud Est, les différences de situations et d'intérêts sont évidemment considérables. Si l'on réfléchit à la question, un point commun cependant se dégage : ce sont tous des pays « duaux », où coexistent géographiquement et socialement des populations, notamment urbaines, dont le mode de vie est proche de celui des pays industriels, et des populations continuant de vivre dans des situations de pauvreté et de sous-développement relatif dignes des PMA : seules les proportions entre les deux groupes diffèrent selon les pays !

Coexistent donc dans les pays intermédiaires des zones industrielles d'exploitation, plus ou moins sévère selon qu'existent ou non des syndicats et que ceux-ci ne sont pas de simples émanations du pouvoir politique ; et des zones rurales et péri-urbaines où la vie est si difficile que des aléas extérieurs - désordres climatiques pour les zones rurales, hausses du prix des importations alimentaires pour les quartiers périurbains et les bidonvilles - peuvent conduire à des mouvements sociaux aux conséquences largement imprévisibles !

Les analystes de la période des grandes industries avaient coutume (tout au moins certains d'entre eux !) d'introduire une distinction importante entre « appartenance de classe » et « conscience de classe » : cela marquait toute la différence entre un ouvrier non politisé et un ouvrier engagé, entre une personne exploitée mais passive et une autre exploitée mais militante syndicale ou/et politique. La rapide analyse que je viens de conduire montre sans aucun doute qu'il existe au niveau mondial une large base sociale « objectivement » intéressée à la construction d'une autre mondialisation. L'important ensuite est de voir si les acteurs existants, nouveaux et traditionnels, peuvent tels qu'ils sont suffire à entrainer cette base dans l'engagement, ou si des outils nouveaux doivent être créés.

CHAPITRE 14

Les acteurs non institutionnels

Il peut paraitre étonnant de parler pour commencer des acteurs non institutionnels de la mondialisation. Mais ma conviction est que les acteurs institutionnels internationaux sont aujourd'hui paralysés par des structures inappropriées et que seules des pressions extérieures sont susceptibles de leur faire prendre les décisions nécessaires pour passer d'un monde dérégulé dominé par la finance à un monde doté de régulations au service des hommes.

J'ai écrit des pages et des pages sur les Nations Unies, cette organisation merveilleuse qui rassemblait 51 Etats à l'époque de sa création (les colonies des grands empires n'avaient pas encore accédé à l'indépendance) et qui était créée pour éviter le retour des génocides et des guerres. J'ai écrit sur la composition du Conseil de sécurité, afin qu'il reflète davantage les réalités politiques du troisième millénaire. J'ai écrit sur les limitations à apporter au Droit de Veto des membres permanents, au moins dans les cas de génocide comme dans l'ex Yougoslavie ou au Rwanda. Je n'étais qu'un parmi beaucoup d'autres, souvent célèbres, souvent auréolés de l'exercice de hautes responsabilités, à faire ce genre de propositions : mais malgré le bon accueil qu'elles recevaient, rien n'a changé !

J'ai écrit encore plus de pages sur l'Union Européenne, cette organisation merveilleuse qui devait réconcilier une fois pour toutes les peuples d'Europe et définir une troisième voie entre les Etats Unis et L'Union soviétique de l'époque. Ma légitimité était plus grande : j'ai été pendant des années Député européen, et aussi Vice-Président du Parti Socialiste Européen, un parti pour l'existence duquel je me suis beaucoup battu. J'ai écrit sur la nécessité de ne pas réserver l'usage du vote à la majorité en Conseil des ministres pour les dérégulations économiques et financières, mais d'utiliser aussi cette procédure pour forger un Droit social et un Droit environnemental européen. J'ai écrit pour soutenir le projet d'un « noyau dur européen », formé autour des pays de de la zone euro, pour que l'Europe devienne un acteur politique dans le monde et ne limite pas son ambition à être un marché unique ouvert à tous les vents du large. Là encore, j'étais un parmi beaucoup d'autres, y compris plus puissants mais, ces propositions, à nouveau, n'ont débouché sur rien !

Et puis est arrivée, le 4 avril 2013, à travers un gros titre du journal « Le Monde », l'affaire des « Offshore Leaks » que j'ai déjà brièvement évoquée au Chapitre 10. En réaction, les dirigeants des pays de l'OCDE ont demandé à l'organisation d'élaborer et de leur présenter ce que devrait être un modèle d'échanges automatiques d'informations fiscales, auquel tout pays devrait accepter de se plier. Le 5 novembre 2015, nouvelles fuites, les « Lux Leaks », qui rendent public le contenu de plusieurs centaines d'accords fiscaux, signés entre des entreprises ou des banques et les autorités du Luxembourg et accordant aux premières des avantages fiscaux dérogatoires considérables. Le 7 avril 2016 enfin (pour l'instant !), c'est le raz de marée des « Panama papers » : plus de onze millions de documents confidentiels concernant les activités de plus de deux cents quatorze mille sociétés offshore en relation avec le cabinet d'affaires Massack-Fonseca, sis à Panama, sont rendus publics ! Dans les trois cas, les informations sont divulguées parla même source : l'« ICIJ », réseau de 185 journalistes issus de plus de 65 pays. Les informations qui apparaissent ne sont contestées par personne !

Les propositions successives présentées dans les rapports de l'OCDE, passent brusquement du champ économique au champ médiatique grâce aux scandales soulevant l'opinion publique. Leur mise en œuvre devient une priorité absolue. Le G20 s'empare de la question et, souci de récupérer de nouvelles recettes financières aidant, se montre brusquement capable d'exercer sur les paradis fiscaux des pressions encore inimaginables dans les temps antérieurs... Les demandes qui leur sont adressées lors de la préparation de la réunion du G20 de Hambourg en juillet 2017 exigent deux niveaux de coopération : le premier est de répondre à toute demande d'information d'un Etat concernant un de ses ressortissants ; le deuxième est un engagement à fournir aux Etats demandeurs la liste complète de leurs nationaux dépositaires de fonds. La menace en cas de refus est simplissime : vous apparaitrez sur la liste noire des paradis fiscaux non coopératifs, avec cette fois le « risque » de retraits de capitaux dans le désordre du fait des sanctions que nous sommes prêts à mettre en oeuvre sous forme de taxes sur les flux financiers entrants et sortants chez vous. Et la menace réussit : seul un petit pays, plus pagailleux que de mauvaise volonté – je peux citer son nom qui était dans tous les journaux : Trinidad et Tobago – n'a pas répondu dans les délais impartis. Il n'y avait plus de moutons noirs : oserais-je dire qu'ils s'étaient blanchis ! Mais après tout, la menace vaut mieux que la guerre. Je ne suis pas naïf, il y aura certainement encore bien des rebondissements, mais je ne vois pas le rapport de force ainsi établi s'inverser dans le court terme. D'autant que le montant des rentrées fiscales rendues possibles par les nouvelles transparences commence à se faire substantiel : pour notre pays, entre les régularisations volontaires à pénalités réduites et les redressements autoritaires basés sur les informations nouvellement disponibles, on peut arriver à plus de dix milliard d'euros par an !

La conclusion que je tire de tout cela est alors à la fois attristante et optimiste. Attristante car le déroulement accéléré des évènements que je viens de rappeler souligne par contraste l'incapacité des institutions internationales actuelles, formelles (l'ONU, l'UE) ou moins formelles (le G20), à atteindre en temps normal des objectifs pourtant évidemment souhaitables. Optimiste car, finalement, il apparait qu'un usage intelligent et réfléchi des nouvelles technologies de la communication et de l'information peut entrainer une mobilisation positive de cette entité mal définie qu'on appelle couramment « l'opinion » et, même, de cette autre entité dont l'existence n'est pour beaucoup pas encore évidente aujourd'hui : « l'opinion internationale »

*

*   *

L'appel aux medias de masse par des organisations non gouvernementales (ONG) désireuses d'attirer l'attention du plus grand nombre sur une question politique n'est pas quelque chose de nouveau en soi. J'utilise ici volontairement le mot « politique » parce que je sais qu'il répugne aujourd'hui à beaucoup, notamment dans les jeunes générations, déçues par les promesses non tenues et par des « affaires » numériquement certes marginales mais, c'est vrai, inacceptables ! J'utilise ce mot parce que l'un de mes objectifs, à travers ce livre, est de le réhabiliter : la politique dans son acception initiale, c'est tout ce qui concerne la vie de la cité ; et, pour reprendre une formule que j'aime même si je ne connais pas son auteur, « les affaires de tout le monde sont les affaires politiques, les affaires politiques sont les affaires de tout le monde ». J'en reviens alors aux media. De tout temps, les situations inacceptables ont trouvé écho à travers eux, avec les modalités de la période : je donne quelques exemples intéressants du passé, qui se sont tous incarnés à travers des personnes restées dans les mémoires.

La première de ces personnes qui m'est venue à l'esprit a été connue sous le nom de « l'abbé Pierre », forte personnalité catholique qui avait voué sa vie à la lutte contre l'exclusion. Né en 1912, résistant pendant la deuxième guerre mondiale, élu député de 1945 à 1951, fondateur en 1949 du mouvement Emmaüs, qui existe toujours aujourd'hui et est présent dans 39 pays. C'est en 1954 qu'il accède à la notoriété en lançant un appel sur les ondes de Radio Luxembourg : l'hiver est exceptionnellement froid et une femme vient de mourir gelée sur un trottoir de Paris, alors qu'elle avait été expulsée la veille de son logement ! Il est vrai que la priorité de l'après-guerre a été donnée à la reconstruction de l'industrie et il existe une pénurie criante dans le domaine des habitations. Le lendemain, la presse titre sur « l'insurrection de la bonté », les dons affluent (plus de 500 millions de francs de l'époque), le gouvernement, impressionné, fait voter une loi interdisant l'expulsion de locataires pendant la période hivernale, loi qui est toujours en vigueur !

Mon deuxième exemple est le porteur d'un autre pseudo : Coluche, humoriste et comédien connu de tous. Né en 1944, il mène une existence pas toujours recommandable mais passionnée par la vie, y compris celle des autres, et surtout celle des petites gens. Il s'intéresse à la politique au point d'envisager sa candidature aux présidentielles de 1981. Il participera à la fondation de SOS Racisme avec Harlem Désir en 1984. Tué dans un accident de moto en 1986, il est passé à la postérité avec la création des « restos du cœur », lancés sur Europe1 en 1985. Les « restos » se présentent comme des magasins mais les « vendeurs » sont des bénévoles et les « marchandises » sont le produit de dons. J'ai rappelé avec tristesse au début de ce livre que non seulement ces magasins existaient encore trente-cinq ans après mais qu'ils avaient plus de clients que jamais. Pourtant, c'est en pensant à Coluche que Michel Rocard et son gouvernement avaient créé, en 1988, le « Revenu minimum d'insertion », le RMI. Mais cela n'a pas suffi et, avec la montée continue du chômage, nous restons, en France, un pays considéré comme riche par toutes les statistiques internationales, dans une situation où des centaines de milliers de personnes n'ont pas les moyens d'acheter une nourriture satisfaisante dans les magasins ordinaires !

Avec mon dernier exemple, on passe de la radio à la télévision et, surtout, à la démonstration qu'il est possible d'intéresser l'opinion la plus large non seulement aux drames nationaux mais aussi à ceux qui se déroulent dans des pays lointains, géographiquement et culturellement. Bernard Kouchner, puisque c'est de lui que je parle, est devenu un personnage public sous son vrai nom. Né en 1939, militant des jeunesses communistes et médecin, il donne après mai 68 sa priorité à l'action humanitaire. Il fait parler de lui à travers ses missions au Biafra, où il prend parti pour les indépendantistes qui font l'objet d'un véritable génocide. En 1971, il est cofondateur de l'association « Médecins sans frontières » et devient connu du grand public en 1979 comme animateur de l'opération « Un bateau pour le Vietnam », qui accueille et soigne des réfugiés. Cette notoriété déplait à certains et il doit quitter son association pour fonder en 1980 « Médecins du Monde ». Il défend devant les institutions internationales le Droit d'ingérence. Plusieurs fois ministre dans les gouvernements socialistes de 1988 à 2001, il accède à la grande célébrité à travers les images de 1992 où on le voit sur une plage, débarquant avec un sac de riz sur l'épaule, destiné à un pays en situation de guerre civile et de famine : la Somalie. Il accepte d'être ministre des affaires étrangères de Nicolas Sarkozy en 2007, à la surprise de beaucoup, dont la mienne.

*

*   *

Quelles leçons utiles peut-on alors tirer des différentes histoires précédentes ? J'en vois pour ma part au moins trois.

La première est qu'elles reposent sur le même ressort : l'indignation. Et je ne peux utiliser ce mot sans avoir une pensée pour quelqu'un qui nous a quitté tout en demeurant parmi nous : je pense bien sûr à Stéphane Hessel et à son dernier petit livre, qui était aussi son dernier message : « Indignez-vous ! ». Je suis de ceux qui s'inquiètent de l'évolution de nos systèmes démocratiques actuels et de l'abstention croissante d'électeurs qui ne se sentent plus tout à fait des citoyens. Mais cette capacité d'indignation, qui est aussi le signe d'un puissant sentiment de solidarité, me rassure : le futur n'est pas encore écrit, il ne sera pas nécessairement un mélange du « Meilleur des mondes » d'Huxley et de « 1984 » d'Orwell ! L'Humanité ne finira pas nécessairement avec un gouvernement des meilleurs, ceux qui auront été formés dans les meilleures écoles, ceux dont les parents auront eu les moyens de les leur payer et le niveau culturel pour leur apprendre dès le plus jeune âge les codes sociaux et intellectuels nécessaires pour y rentrer, ceux qui sauront tout sauf un « détail » : à quoi ressemble la vie de ceux qui ne sont pas comme eux et qui, pourtant, sont la majorité et doivent demeurer « libres et égaux en droit »

La deuxième leçon, si l'on reprend mes histoires dans l'ordre chronologique, de la radio des années 1950 à la télévision des années 1990 et aux réseaux sociaux par Internet des années 2010, est que l'évolution des technologies de communication utilisées conduit à une évolution des méthodes d'appel au public. Les deux premiers média sont des systèmes émetteurs centralisés, qui ont besoin pour capter l'attention de leurs auditeurs ou télé spectateurs de personnaliser leur information en faisant appel à des figures qui « marquent » les esprits. Le fonctionnement des réseaux est au contraire caractérisé par la multiplicité des émetteurs et réémetteurs dont les communications ne cessent de se croiser et recroiser ; le système fonctionne de façon totalement décentralisée et c'est la taille de la « boule de neige » créée et la vitesse de sa croissance qui témoignent ou non du succès : celui-ci ne nécessite ni personnalisation, ni incarnation ; par contre, le sérieux et la véracité de ce qu'il véhicule demande validation : dans les systèmes centralisés, c'est l'émetteur qui engage sa responsabilité en passant une information sur les ondes ; pour les réseaux, il n'y a pas de réponse évidente : dans le cas des « Panama papers », c'est l'existence de l'ICIJ, l'association de journalistes d'investigation, au professionnalisme reconnu, qui a permis de convaincre journaux et télévisions de publier et reprendre des informations qui n'ont pas ensuite été contestées.

La troisième leçon constitue pour moi le point le plus crucial et concerne les sources même des informations : les fameux « lanceurs d'alerte » que je n'ai pas encore évoqués. Leur rôle est essentiel, sans eux il n'y a rien ! Mais ce sont des hommes et des femmes comme nous tous : capables d'être scandalisés par ce qu'ils découvrent au sein d'une entreprise, d'un cabinet d'affaires, d'une banque ; mais pas nécessairement partants pour mettre en danger leur carrière professionnelle et la vie de leur famille ! Surtout s'il apparait que certains de leurs prédécesseurs, après avoir été loués par tous, se retrouvent condamnés par la justice de leur pays au motif qu'ils ont trahi la confiance dont ils bénéficiaient : je pense évidemment en écrivant cela aux deux lanceurs d'alerte à la source des « Lux Leaks », condamnés respectivement à 12 mois et 9 mois de prison avec sursis en première instance, et encore à 6 mois et des pénalités financières après appel. Curieux univers que celui où une même institution judiciaire peut condamner une personne pour « non dénonciation de crime » et une autre pour « dénonciation de fraude fiscale » !

Certains pays heureusement ont compris - l'émotion manifestée par un très large public encore une fois aidant ! - l'absurdité intenable de la situation. Une soixantaine d'entre eux ont aujourd'hui mis en place une législation destinée à protéger les lanceurs d'alerte. La France en fait partie et j'en suis heureux : la loi « Sapin II dans ses articles 6 à 16 et une modification de la loi créant le Défenseur des Droits, reconnaissent les lanceurs d'alerte et définissent leur droit à saisir le Défenseur des Droits et les conditions de protection de leur identité.

Deux avancées supplémentaires me paraissent cependant indispensables :

- **Proposition 14 : qu'une Directive de l'Union Européenne sur la protection des lanceurs d'alerte définisse un contenu minimum pour les lois nationales**, ceci afin d'éviter que les fraudeurs potentiels continuent de « jouer » un Etat membre contre les autres comme c'est encore aujourd'hui malheureusement le cas dans le domaine fiscal.
- **Proposition 15 : que la Directive ci-dessus élargisse la définition de « lanceur d'alerte » des**

personnes physiques aux ONG satisfaisant à un certain nombre de critères, de façon que ces ONG puissent recevoir puis relayer les « alertes » de personnes dans des situations individuelles rendant dangereux pour elle toute démarche en direction d'autorités officielles.

Ce dernier point me parait très important car susceptible de permettre un élargissement considérable du nombre d'informations reçues. Je vois bien par exemple un employé d'un cabinet d'affaires prendre contact avec « Transparency international »[11] pour signaler un important mouvement de fonds en provenance d'une personnalité connue et demander au représentant local de l'ONG s'il pense que ce mouvement est légal ou non et si, dans le deuxième cas, il accepte de le signaler aux autorités. Je vois bien un salarié d'une grande multinationale, chargé de d'asperger de pesticides dangereux et interdits les arbres d'une plantation de palmiers à huile, s'adresser à un représentant du CIRAD[12] qui lui a laissé sa carte avec un mail à l'occasion d'une visite officielle récente où, bien sûr, la présentation de la plantation modèle n'évoquait que l'usage de produits bio. Je vois bien le gardien d'une zone écologique protégée, dont les supérieurs ont pour passe-temps l'organisation de la coupe des bois précieux dans les coins les moins praticables et visités, avertir WWF[13], dont il a vu par hasard l'adresse mail en lisant un article d'un journal trouvé dans la corbeille du bureau de son pa-

[11] ONG de lutte contre la corruption, fondée en Allemagne en 1993. Présente dans 110 pays. Siège international à Berlin.

[12] Centre de recherche français, créé en 1984 et spécialisé dans l'agronomie des régions tropicales. Travaille dans plus de 100 pays. Siège à Paris.

[13] Première organisation mondiale pour la protection de la nature. Présente dans plus de 100 pays. Fondée en Suisse en 1961.

tron, article évoquant le rôle de défenseur des forêts de l'association.

Je conclurai ce chapitre en disant ceci : quelle que soit la terminologie utilisée par les uns ou les autres : opinion publique, opinion publique mondiale, sociétés civiles nationales ou société civile mondiale, une chose me parait aujourd'hui parfaitement claire : une stratégie politique visant à établir de nouvelles régulations mondiales afin de mettre « le progrès » au service de tous et non de quelques-uns seulement, ne saurait ignorer les réseaux citoyens et les ONG.

CHAPITRE 15

Les acteurs institutionnels

Pour l'immédiat cependant, ce sont les gouvernements des Etats, membres des Nations Unies, et les Parlements qui en principe les contrôlent, qui décident des choix politiques internes et externes de leur pays. Ils le font en fonction de leur vision des buts : vision de Droite centrée sur l'efficacité, vision de Gauche centrée sur la justice ; ils le font en fonction de leur vision des moyens : vision libérale ou dirigiste ; ils le font en fonction des rapports de force existant entre les différents acteurs sociaux, quand ceux-ci sont libres de s'exprimer ; ils le font en tenant compte des pressions de l'opinion publique, qui peut se manifester de différentes manières comme on a pu le voir au chapitre précédent ; ils le font enfin soit à travers leurs institutions propres, si le choix est de nature purement local, soit dans des institutions internationales si la question est d'intérêt européen ou mondial.

Ce qui va m'intéresser alors dans ce chapitre, ce n'est pas une description d'institutions idéales qui rendraient le monde meilleur : l'exercice a déjà été fait et refait et, comme je l'ai dit au début du chapitre précédent, l'intelligence ne suffit pas, seule la pression de mouvements extérieurs peut se révéler payante. Je vais donc me concentrer sur la question suivante : lesquelles des institutions existantes apparaissent les mieux placées pour déclencher la mise en œuvre de chacune quinze propositions présentées dans les pages qui précèdent (je ne reviendrai plus sur leur intérêt, déjà discuté) ; et, si nécessaire, quelles modifications réalistes faudrait-il leur apporter pour qu'elles puissent jouer ce rôle ? Qu'on me comprenne bien : je n'accorde pas à ces propositions des vertus magiques et j'écouterai avec la plus grande modestie les remarques qui pourraient m'être faites par tel ou tel lecteur du genre : « comment avez-vous pu ne pas parler de tel ou tel autre changement nécessaire et au moins aussi important sinon plus que ceux que vous avez évoqués » ! Je dirais même : plus il y aura de critiques de ce genre et plus je serai heureux : cela signifiera que la question que j'ai voulu soulever dans ce livre est heureusement déjà perçue par un plus grand nombre de citoyens que je ne le craignais ! Simplement je pense, et là je reconnais être immodeste, que si ces quinze propositions étaient mises en œuvre, nous serions alors déjà dans un monde très différent de celui d'aujourd'hui !

Alors je plonge, en traitant d'abord de celles qui apparaissent pouvoir être mises en oeuvre par des décisions au niveau national, puis européen, puis de l'ONU, puis du G20, puis de l'OMC. Bien sûr, il est le plus souvent souhaitable que des propositions mises en œuvre aux premiers niveaux soient ensuite reprises par les niveaux les plus élevés !

Proposition 15 : que les ONG puissent jouer le rôle de « lanceurs d'alerte ». Il me semble que les parlementaires français qui ont obtenu la reconnaissance des lanceurs à travers les modifications apportées à la loi « Sapin II » pourraient engager une nouvelle pression pour cette étape supplémentaire, en demandant bien sûr le soutien des ONG intéressées. Et pourquoi pas le dépôt d'une proposition de loi présentée par les trois groupes de Gauche de l'Assemblée Nationale !

Proposition 14 : obtenir une Directive européenne reconnaissant les lanceurs d'alerte, ONG comprises. Le même type de démarche que ci-dessus pourrai être engagé au Parlement européen, avec me semble-t-il de réelles chances de succès, d'autant que le « lobbying » des ONG apparait à la fois plus naturel et plus efficace à Bruxelles ou Strasbourg qu'à Paris.

Proposition 6 : aucun transfert de technologie ne devrait se faire qui ne comporte un volet de formation locale (entretien, premières réparations,...), et aussi dans le pays émetteur (pour une compréhension plus approfondie et fondamentale du système). Je pense que l'aide publique au développement française s'honorerait d'introduire unilatéralement une clause de ce type dans ses projets, ce qui éviterait beaucoup des déceptions que j'ai évoquées au chapitre 11. Bien évidemment, plus il y aura de pays reprenant cette clause, mieux ce sera et plus il deviendra facile de la faire adopter in fine par le PNUD au niveau global.

Proposition 3 : je sais, elle enfonce une porte ouverte ! Mais j'ai tellement de fois dans ma vie politique entendu tellement de gouvernements français en place affirmer avec assurance que l'objectif des 0,7 % du PIB dévolus à l'aide au développement seraient atteints (dans l'année, dans le quinquennat...), j'ai moi-même voté tant de fois ce chiffre ! Et je connais par cœur les explications données pour justifier sa non atteinte : il a fallu faire des arbitrages qui n'étaient pas prévus, la crise en cours est plus durable qu'on ne l'avait imaginé, le déficit budgétaire menaçait de dépasser le montant envisagé,... Alors je veux insister sur le Fonds vert et l'argent que les pays du Nord se sont engagés à lui apporter pour qu'il remplisse le rôle attendu : les pays du Sud ont accepté, lors de la COP21 de Paris, l'idée qu'ils devaient suivre une autre trajectoire de développement que la trajectoire passée des pays industriels actuels ; si la Chine et l'Inde, pour ne parler que de ces deux pays, en venaient à consommer autant de charbon et de pétrole par habitant que les pays du Nord il y a dix ans, alors la maitrise du réchauffement climatique deviendrait impossible ! C'est un impératif de survie pour l'humanité que les nouvelles sources d'énergie utilisées ne soient pas des énergies fossiles ; et cet objectif ne peut être atteint que si les pays du Nord tiennent les engagements de transfert de technologies et de finances adoptés à Paris. Pour maintenir et accroitre sa crédibilité internationale la France doit être un modèle et l'Union européenne aussi !

Proposition 7 : faire en sorte que les sommes versées au Fonds Vert puisse être utilisées pour des « joint-ventures » avec les entreprises privées détentrices d'une technologie dont la mise en oeuvre ne serait pas rentable, du moins dans un premier temps. Cela me parait pouvoir être mis en pratique par des décisions purement nationales, quitte à en faire accepter le principe ultérieurement par la direction du Fonds et à préciser les conditions de sérieux à réunir du côté de l'investisseur privé pour éviter toute mésaventure.

Proposition 10 : aider à l'introduction de nouvelles langues sur Internet tout en conservant la possibilité du dialogue entre tous par l'existence d'un minimum de traductions. D'un côté cette proposition vise à faire disparaitre l'existence de « laissés pour compte » d'Internet, d'un autre les solutions proposées ne doivent pas accroitre leur isolement. L'expérience indienne, qui soutient l'introduction sur Internet de langues propres à plusieurs des 29 Etats de la République, sera très intéressante à suivre. Ce pourrait être le rôle de l'UNESCO que d'élaborer un rapport sur le sujet, suivi éventuellement de recommandations.

Proposition 2, l'instauration d'une taxe carbone mondiale, peut clairement, pour commencer, être mise en œuvre par l'Union Européenne seule, les tenant de la solution alternative - un marché de Droits à polluer - ayant réussi en un minimum de temps, moins de dix ans, à faire la démonstration à la fois de l'inefficacité et aussi de la vulnérabilité de leur système ! Inefficacité : la quantité de droits à polluer distribuée aux entreprises cibles s'est, dès le départ, très vite révélée trop importante ; de ce fait, les quelques échanges qui avaient lieu se négociaient à un prix beaucoup plus bas que le prix escompté et il n'y avait aucun effet incitatif amenant les entreprises acheteuses à mettre en place des procédés de production moins générateurs de Gaz à Effet de Serre. Soyons honnêtes, la crise des subprimes en 2008, qui a fortement ralenti les activités industrielles, a pris beaucoup de décideurs de court ! La situation aurait cependant été rattrapable si les tenants du marché, acceptant l'idée qu'il pouvait être inefficace (mais quel aveu !), avaient prévu soit un mécanisme de rachat des droits, permettant de faire remonter leur valeur, soit, ce qui est à peu près équivalent, un pilotage du marché à travers la fixation d'un prix minimum qui, mieux encore aurait été annoncé comme croissant ! Mais on en serait presque arrivé alors au système de taxe suédois et, ce pays n'étant ni libéral ni membre de la zone euro, ne pouvait évidemment servir de modèle ! L'inefficacité totale du système n'empêchait cependant pas sa vulnérabilité : les journaux regorgent aujourd'hui d'articles incroyables expliquant comment un certain nombre de mafias ont réussi, en quelques années et à travers quelques mécanismes simples de fraude à la TVA, à extorquer six milliards d'euros au budget de l'UE et 1,6 milliard au budget français. Chapeau aux concepteurs du système, il y a un prix à inventer pour eux ! La généralisation à l'UE de la Taxe suédoise ferait passer ce qui s'est révélé être un succès national au rang de succès européen et aurait certainement un effet exemplaire sur beaucoup d'autres pays encore hésitants. La taxe mondiale ne tarderait plus à suivre… Là encore, une initiative de parlementaires européens, mobilisant les ONG concernées, pourrait arriver à forcer la décision.

Proposition 13 : la création d'un « Commissariat au Plan « à la française » ne peut aujour d'hui avoir de sens qu'instaurée au niveau de l'Union européenne, même si, dans ce cadre, la France devrait garder la liberté de se fixer quelques objectifs plus spécifiques. Sur la base de scénarios à dix-vingt ans élaborés par des spécialistes de toutes disciplines, pourrait se nouer un utile débat patronat-syndicats. L'objectif serait moins d'arriver à un accord improbable que d'écouter les arguments et la vision des autres afin que les instances politiques élaborent un projet qui, tout en étant marqué en termes d'orientations, soit crédible parce que réalisable. Créer dans le contexte actuel une telle structure est cependant une lourde tâche et je devine le scepticisme de certains lecteurs que ne suis pas loin de le partager. Mais mon travail d'écriture tel que je le conçois ne consiste pas à lister les difficultés mais à présenter les opportunités (cf Gramsci !). Or je vois en ce moment une formidable opportunité pour faire progresser l'Union Européenne du statut de sous-zone de Libre Echange à celui d'Acteur sur la scène mondiale, acteur qui plus est porteur d'un projet : cette opportunité pour moi s'appelle Donald Trump ! Rappelons-nous : en quelques mois de temps, il nous a dit qu'il entendait sortir les Etats Unis de l'accord de la COP 21, qu'il ne voyait aucune raison d'engager militairement son pays dans la protection de partenaires qui ne dépensaient même pas 2 % de leur budget pour le défense : qu'il voulait rectifier les règles d'un libre échange qui ne bénéficiait pas assez à son pays : c'est ce que j'appelle faire table rase du passé ! L'UE sera-t-elle capable de définir de façon autonome son avenir en profitant de la situation ainsi créée ? Cela passe pour moi, je l'ai déjà dit, par la création d'un « noyau dur » européen constitué à partir de la zone euro. Notre nouveau Président a semble-t-il la volonté d'engager la France sur ce chemin, qui est pour moi celui de l'intérêt général : je ne peux là que souhaiter sa réussite.

Proposition 1 : la création d'un « Conseil de sécurité » de la COP21 a pour but d'incarner l'idée d'avoir une sorte de groupe permanent et politique pour évaluer en continu la tenue des engagements pris et les situations de chacun par rapport aux décisions de la COP de Paris. Mais la menace des Etats Unis de se retirer de l'accord change évidemment la situation et je pense que la priorité de la période est de voir comment soutenir les entités américaines qui ont décidé de se battre pour que la menace ne soit pas mise à exécution. Je pense qu'il appartient aujourd'hui aux entités américaines désireuses de voir respecter l'accord de Paris – des Etats comme la Californie, des villes, des ONG – de s'organiser pour convaincre les américains que la position de leur Président n'est pas bonne pour leur pays. Tout ce qui risquerait de pouvoir être interprété comme une ingérence est évidemment à bannir. Avant que soit reprise l'idée de Conseil de sécurité, c'est plutôt quelque chose comme une « Convention citoyenne pour le respect des accords de Paris » qui, en expliquant le pourquoi des décisions de l'accord pourrait alors aider ses soutiens aux Etats Unis. Si la partie américaine exprimait le souhait de la création d'une telle structure, les principaux pays signataires devraient évidemment, à travers des relais judicieusement choisis, s'engager à fond pour apporter les soutiens nécessaires.

Proposition 4 : elle vise une taxation minimale des bénéfices des firmes multinationales et ne peut aujourd'hui qu'être bien accueillie par tous les dirigeants du G20. La plupart des pays riches, je l'ai déjà dit, ont comme première contrainte la diminution de leur dette publique et ne peuvent que réagir positivement à toute perspective de nouvelles rentrées fiscales ; les pays intermédiaires eux ont du mal à redémarrer après la crise des subprime et n'ont pas assez d'argent pour engager une relance keynésienne ; enfin la puissante Chine, qui conduit une telle relance depuis plusieurs années afin de conserver le taux de croissance (au moins 6 à 7 %) jugé nécessaire au maintien de sa paix sociale et politique, voit à son tour son endettement devenir préoccupant. Le moment est donc très favorable pour lancer l'idée, reste à voir quels sont les mécanismes les plus appropriés ! Les taux « bas » (je dirai, pour fixer les idées, nettement inférieurs au taux de l'IS de l'Irlande qui est de 12,5 %, retenons pour la simplicité inférieurs à 10 %) ont, dans le monde financier actuel, deux origines possibles : soit ils correspondent à une localisation des bénéfices dans les paradis fiscaux (cf l'histoire de Google évoquée au Chapitre 10), soit ils résultent d'arrangements occultes inavouables (cf les Lux Leaks, Chapitre 14). Je pense qu'aujourd'hui le G20, après avoir obtenu des paradis fiscaux les engagements de transparence demandés (à vérifier en permanence naturellement), est en position de demander également, et d'obtenir, qu'ils fixent un taux minimum d'IS à 10 % ; concernant les « arrangements », je pense que le meilleur moyen de les éviter réside dans la mise en œuvre d'une protection accrue pour les lanceurs d'alerte comme il est proposé au Chapitre 14.

Proposition 5 : elle s'attaque à la question de la localisation du paiement de l'IS par les FMN. C'est une question qu'il ne serait pas utile de poser si l'enchainement de leurs activités était transparent. Elle a l'avantage de la simplicité : il est plus difficile de tricher sur un nombre de salariés que sur la véracité de prix de transferts, même si des montages complexes de sous-traitants peuvent rendre ce nombre moins facile à établir qu'il n'y parait à première vue. Elle offre aussi une satisfaction morale : si la procédure introduit une distorsion par rapport à la réalité des comptes, c'est très probablement au bénéfice de pays à bas salaires au quels la méthode apporte un surcroit d'argent qu'on peut considérer être une forme d'aide au développement. Mais comme je ne peux nier que convaincre les représentants du G20 d'adopter une telle disposition est certainement plus difficile que pour la précédente, je suis tenté de proposer une sorte de scénario intermédiaire : quelques pays sensibles à la proposition en proposent la mise à l'ordre du jour ; s'il apparait que le taux global d'IS payé par une FMN est supérieur ou égal à 15 %, son dossier est provisoirement mis de côté !

Proposition 8 : elle offre aux pays en développement un accès gratuit aux brevets nécessaires pour développer des activités non émettrices de GES plutôt que des activités en émettant. Cette proposition pose à la fois un problème politique de fond et un problème financier. Le problème politique est celui de l'adoption, farouchement combattue par certains, de la notion de « biens publics mondiaux », pourtant extension naturelle de la notion de « biens publics » tout court. La définition de ceux-ci, acceptée par tous les économistes, est qu'il s'agit de biens non accaparables et accessibles à tous ceux qui le souhaitent. L'exemple traditionnel des manuels est celui d'un émetteur radio : tout le monde peut être auditeur et un auditeur de plus ne change rien à la situation des auditeurs antérieurs ! Cela dit, je reconnais que le financement de l'émetteur, s'il n'est pas obtenu par la publicité, est plus facile à régler aujourd'hui dans le cadre d'un Etat, qui peut exiger des auditeurs le paiement d'une redevance, que dans le cadre de l'ONU, qui ne peut rien exiger du tout. Ma proposition de mise à disposition gratuite de certains brevets, alors que ceux qui les ont déposés sont en droit d'attendre un paiement pour leur usage, pose un réel problème financier. Deux solutions me paraissent alors envisageables, toutes deux étant du ressort de l'ONU : soit une prise en charge directe par le PNUD, ce qui suppose évidemment un accroissement de ses ressources ; soit une prise en charge par le Fonds Vert, dont l'intervention serait probablement plus simple et plus logique.

Proposition 11 : elle vise à ce que les FMN fassent respecter les normes sociales de l'OIT non seulement par leurs filiales mais, plus largement, par l'ensemble de leurs fournisseurs. C'est une proposition dont la mise en œuvre est extrêmement difficile à vérifier. Les associations de consommateurs peuvent évidemment faire pression sur les organes dirigeants des entreprises et obtenir d'elles des engagements verbaux. Quant à la réalité, il n'y a que les salariés concernés qui peuvent la décrire. Et, lorsque les « salariés » concernés sont pour l'essentiel des salariées (je pense au domaine de l'industrie textile) l'information de terrain peut être encore plus difficile à obtenir. Le courage de lanceurs d'alerte, éventuellement favorisé par la mise en œuvre des propositions14 et 15, me parait être aujourd'hui la seule solution réaliste envisageable !

Propositions 9 et 12 : ces deux propositions n'ont en apparence rien à voir puisque la première concerne le domaine de la culture et la seconde le Droit du travail. Elles ont pourtant en commun un point essentiel : toutes les deux appellent à des modifications des règles de l'Organisation Mondiale du Commerce, une organisation à part, totalement indépendante de l'ONU et donc aussi bien de la « filiale » culturelle de celle-ci, l'UNESCO, que de sa « filiale » Droit du travail, l'OIT.

L'OMC est l'organisation reine de la mondialisation libérale qui régit aujourd'hui notre planète. Etablie en 1995 pour succéder au GATT[14] de l'après deuxième guerre mondiale, elle a pour mission de combattre toute entorse au libre- échange et s'est dotée pour cela de son propre tribunal : l'ORD, Organisme de Règlement des différends. Celui-ci applique sa loi, la loi du libre-échange, en ignorant superbement que tout sur Terre n'est pas une marchandise. Le salaire d'un ouvrier est la contrepartie de son travail et non le prix d'un esclave : l'Humanité a atteint (en principe) un niveau de développement qui fait qu'on ne jette pas un salarié comme un kleenex lorsque son entreprise disparait ; qui fait que les atteintes à l'environnement ont un cout, bien qu'il n'existe pas pour lui de marché ; qui fait qu'une œuvre d'art à une valeur, qui n'a rien à voir avec le prix qu'elle peut se voir attribuer dans une vente aux enchères ... J'arrête : je n'écris pas pour partager des émotions mais pour partager de solutions !

Les solutions techniques, je les ai déjà évoquées aux chapitres 11 et 12 : que toute décision de l'OMC qui a des conséquences culturelles doit pour entrer en vigueur rece-

---

[14] « General Agreement on Tariffs and Trade ». Traité signé en 1947 entre 23 pays pour ne pas reproduire le protectionnisme d'avant-guerre.

voir l'aval de l'UNESCO, que toute décision qui a des conséquences humaines doit recevoir celui de l'OIT. La mise en oeuvre de ces principes (avec un troisième volet pour l'environnement bien sûr !) marquerait déjà un formidable progrès mais en me relisant, je me dis qu'il faut aller jusqu'au bout et ma proposition finale de ce chapitre sera donc **: « l'Organisation Mondiale du Commerce doit, le plus rapidement possible, être rattachée à l'Organisation des Nations Unies et ses décisions être rendues dans le respect de la Déclaration Universelle des Droits de l'Homme ».**

Le lecteur cruel, mais c'est son droit et je dirai même ici son devoir, n'aura sans doute pas manqué de remarquer que j'ai failli, concernant les propositions 11,9,12 et la proposition ci-dessus, à la règle que j'avais moi-même fixée : indiquer quelles institutions et soutiens pourraient permettre d'infléchir le fonctionnement actuel de l'OMC. Mais nous sommes là au cœur du cœur du problème et il me reste deux chapitres pour convaincre…

CHAPITRE 16

Une nouvelle démocratie nationale

Le début de mon doute quant à la qualité de la démocratie française et de ses institutions remonte aux Présidentielles de 2002. L'élimination de Lionel Jospin au premier tour au bénéfice de Jean Marie Le Pen, candidat du Front National, a représenté un tel choc politique qu'il a d'abord paralysé les meilleurs esprits quand la question du « pourquoi » a commencé d'être posée sérieusement.

« Il y a eu beaucoup d'abstentions » : avec 28,4 %, c'est en effet de loin le record pour un premier tour sous la 5ème République. « Il y a eu beaucoup de candidats » : ils ont été 16 en effet ce qui est également le record de la 5éme. Du coup, notamment à Gauche, on a d'abord incriminé les « petits candidats » : quel besoin Jean Pierre Chevènement, Noël Mamère ou Christiane Taubira avaient-ils de déposer des candidatures « de témoignage » ? Puis on a attaqué le candidat lui-même : la campagne de Lionel Jospin n'avait pas été assez clivante, il avait eu des phrases malheureuses (« l'Etat ne peut pas tout »). J'avoue que sur le premier point, quand j'avais découvert au siège de la campagne les affiches prévues pour le premier tour « Gouverner autrement » et pour le deuxième « Pour une France plus juste », je m'étais permis la remarque ; « c'est bizarre, j'aurais choisi l'ordre inverse » ; sans écho ! Quant au deuxième point, j'avais défendu la formule que je trouvais juste et courageuse, tout en regrettant qu'elle n'ait pas été davantage expliquée.

Mais j'avoue avoir été moi-même surpris, au soir du 21 avril, car je considérais que le bilan de Lionel Jospin était bon et « de gauche » : les emplois jeunes aidaient les collectivités locales et les associations, ils permettaient aux moins de vingt-cinq ans de chercher ensuite un emploi normal avec un CV à l'appui ; les 35 heures avaient amélioré (et améliorent toujours !) la vie de nombreux salariés tout en créant de nombreux emplois, y compris dans l'industrie et le petit commerce : je peux en témoigner pour ce qui était alors ma circonscription.

Bref, il y a eu peu de monde au début pour poser ce qui était pourtant la question centrale : d'où venaient les 10 % d'électeurs de Le Pen qui, par-delà l'extrême droite traditionnelle et les nostalgiques non repentis de l'OAS, avaient permis une si bouleversante surprise ? Depuis lors, enquêtes d'opinion et études diverses se sont multipliées et le portrait-robot de l'électeur FN, y compris des votants au deuxième tour des dernières présidentielles, apparait aujourd'hui bien établi. Sans surprise, c'est de portraits au pluriel qu'il faut parler : il y a évidemment d'anciens électeurs de la Gauche, victimes de fermetures d'entreprises ou de licenciements collectifs, avec un niveau de formation ou un type d'expérience professionnelle qui laisse peu d'espoir de retrouver du travail ; il y a aussi d'anciens électeurs de la Droite, touchés par la désertification d'un monde rural engagé dans une spirale sans fin, où les enfants vont à la ville trouver du travail, où les commerces ferment fautes de client, puis l'annexe postale (la diffusion croissante de l'accès à internet n'arrange rien), puis l'école ! La convergence de ces deux types de trajectoires permet au FN de se présenter comme le parti du

« peuple », qui vit durement alors que les « élites » profitent de la situation pour décider à la place des autres.

Mais le plus étonnant à mes yeux, reste la passivité avec laquelle les grands partis, dits de gouvernement, ont laissé se développer ce phénomène socio-politique. Passe encore pour la Droite, qui a longtemps regardé le déclin numérique du monde ouvrier comme un phénomène de nature à entrainer sa pérennisation au pouvoir. Mais **comment comprendre l'apathie de la Gauche, qui a regardé fondre sa base historique de l'époque sans la moindre réflexion sur les catégories sociales dont elle aurait dû se préoccuper ?**

Je pense pouvoir apporter au moins deux éléments de réponse.

Lorsque j'ai adhéré au Parti Socialiste - c'était en 1974, c'est loin - la plupart des adhérents avaient d'autres activités militantes : beaucoup étaient syndiqués et se retrouvaient dans les « sections d'entreprises » du PS, d'autres appartenaient à toute une diversité d'associations, notamment des associations locales, les GAM (Groupes d'Action Municipale), le tout garantissant un ancrage solide du parti dans ce que j'appellerai « la société réelle ». Et puis il y a eu les victoires de 1981, 1997, 2012 et, au fil des ans, j'ai eu l'impression d'un rétrécissement social de la base du parti : les nouveaux députés étaient de plus en plus souvent d'anciens assistants parlementaires, souvent aussi assistants à Paris plutôt qu'en circonscription. Cela leur permettait d'être rapidement efficaces : ils connaissaient bien dès leur arrivée le fonctionnement des institutions ; mais, pour certains, du coup, ils connaissaient parfois moins bien les réalités sociales du terrain.

Ma deuxième remarque rejoint la raison d'être de ce livre. J'évoquais plus haut la phrase de Lionel Jospin : « l'Etat ne peut pas tout » et mon regret de l'insuffisance de son commentaire. Mais peut-on demander à un candidat de efaire campagne en disant à ses électeurs : « vous savez, je connais bien vos difficultés, mais malheureusement, aujourd'hui, avec la mondialisation libérale en cours, même si vous m'élisez, je ne pourrai changer que peu de choses ». C'est évidemment absurde et intenable ! Mais en même temps, « faire comme si » est également intenable. Les électeurs de la Gauche ont bien compris, depuis 1983, qu'il y a des contraintes extérieures : ce qu'on leur cache, beaucoup le savent ! Et la coupure entre politique(s) et citoyen s'approfondit. Et la tentation grandit d'essayer ce qui n'a pas encore été essayé, de suivre ceux qui disent que tout est simple et qu'ils vont, eux, renverser la table !

Une nouvelle démocratie est nécessaire, il faut parler vrai et expliquer, ce qui suppose à la fois du courage et de la méthode : car au bout du compte, il faut que la Gauche convainque, et notamment la jeunesse, qui ne l'a jamais connue comme elle devrait être !

*

* *

Recréer du lien entre les citoyens de base et les acteurs politiques du pays doit être pour l'avenir proche une des premières préoccupations de la Gauche française. Et le premier moyen de le faire, pour moi, doit être l'élaboration d'un nouveau projet de société. Soyons clair, je n'entends pas par là la définition d'un nouveau paradis : l'histoire du XXème siècle a montré à quel enfer pouvait conduire ce type d'objectif. Il s'agit plutôt de choisir un nombre limité de directions d'action qui, si elles sont suivies, marqueront une rupture avec les évolutions des dernières décennies ! A titre d'exemples, je vais monter à quel point les directions les plus simples, celles qui sont désignées dans la devise de notre République, celles de la Liberté, de l'Egalité et de la Fraternité sont aujourd'hui suivies... dans le mauvais sens !

La Liberté. Mon exemple sera l'histoire une entreprise familiale des Ardennes, Thomé-Génot. C'était un équipementier automobile, doté d'une technologie appréciée dans les alternateurs. L'entreprise connait des difficultés financières en 2003 et est rachetée par des américains liés à Ford. En dix-huit mois, trésorerie et surtout savoirs faire sont pillés, les repreneurs passent aux abonnés absents. L'usine est mise en liquidation en 2006. Un plan social est mis en place pour les 320 salariés qui se retrouvent au chômage, un plan qui coutera près de 30 millions d'euros à l'Etat ! Or, au moment même où j'écris, un grand débat a été ouvert autour de la nécessaire « modernisation » du Code du travail. Aujourd'hui, si la filiale française d'une FMN est en difficulté, l'acceptation d'un Plan social se fait en examinant la situation financière de l'ensemble du Groupe, pas seulement de la filiale, de façon justement à éviter le genre de manipulations ci-dessus décrites ! Or la « réforme » proposée est de ne plus regarder que la situation de la filiale ! C'est nier l'existence de la mondialisation ! C'est valider la caricature bien connue du libéralisme : « un renard libre dans un poulailler libre » ! C'est aller exactement à rebours de ce qui est nécessaire : renforcer le contrôle sur les activités des FMN afin que la liberté des dirigeants s'arrête lorsque la liberté des salariés est en danger ! Est-il nécessaire de laisser apparaitre d'autres Thomé-Génot pour s'en convaincre !

L'Egalité. Publication après publication, rapport après rapport, toutes les statistiques le confirment : au long des dernières décennies, au fur et à mesure que libre échange et libre circulation des capitaux ont été mis en place, les inégalités n'ont cessé de croître, qu'il s'agisse de revenus ou de fortunes. En France, les « émoluments » annuels (je n'emploie plus le mot « salaire » car nous sommes dans un autre monde !) des patrons du CAC40 se situent dans une fourchette de 1 à 10 millions d'euros par an, soit 4,2 millions en moyenne (Enquête de « La Tribune ») et plus encore si l'on ajoute les rémunérations variables dépendant des résultats de l'entreprise. Pour mémoire, le SMIC annuel net est aujourd'hui aux environs de 13.500 euros. Le RSA quant à lui (héritier du RMI), pour aller au niveau de revenu qui est en principe le plus bas, garantit des ressources annuelles d'environ 6500 euros par an ; il est touché par 2 millions d'allocataires et concerne 4 millions de personnes ; si on ajoute à ce nombre celui des bénéficiaires d'autres allocations de niveau comparable (minimum vieillesse, allocation handicapé,…) on arrive au fait que plus de 6 millions de personnes vivent en France avec 6500 euros par an !. Et il existe encore disent tous les praticiens de terrain, des dizaines de milliers de personnes, hors les réfugiés, qui échappent à la connaissance des administrations et sont en dessous du seuil de pauvreté ! Quant au niveau mondial, les statistiques indiquent qu'il y avait en 2015 18,5 millions de millionnaires en dollars (dont huit aux USA), et que 1 % de la population mondiale détenait 47 % des richesses (Aux USA, 1 % de la population détenant 63 % des richesses).

Je ne sépare jamais mes rappels sur les inégalités de revenu ou de richesse, en France ou dans le monde, de l' évocation parallèle des inégalités d'éducation qui en sont largement la source. La référence à Pierre Bourdieu et au livre « les Héritiers » (paru en 1964, écrit avec Jean Claude Passeron), la thèse essentielle de la « Reproduction sociale », qui avait été reçue avec un grand intérêt dans le monde politique de Gauche, ont progressivement disparu des discours. Cela me marque d'autant plus que j'ai gardé le souvenir aigu d'une discussion avec le principal du collège d'un canton de ma circonscription, un canton profondément rural et curieusement en même temps très ouvrier. J'appréciais le travail de cet enseignant, aimais discuter avec lui et lui avais posé un jour la question : finalement, qu'est-ce que tu trouves le plus dur à ton poste ? Et sa réponse avait été : c'est quand j'ai dans une classe un gosse curieux et brillant et que son père me dit : « Il n'ira pas plus loin, il sera ouvrier, comme moi » ! Quel gâchis humain, mais aussi, quel gâchis pour la société ! Une étude récente de « France Stratégie », dernier morceau je le rappelle du Commissariat Général au Plan dont je demeure nostalgique (cf Proposition 13) est intitulée « Le coût des discriminations » et s'intéresse à deux exemples : les femmes et l'ascendance migratoire (quelle jolie formule !). La conclusion est passionnante « Un manque à gagner de l'ordre de 3 à 14 % du PIB : même ceux qui ne jurent que par l'efficacité devraient être sensible à cet exemple ! J'avoue ne pas arriver à me passionner pour la querelle sur la semaine de quatre jours à l'école, telle qu'elle est actuellement engagée. Mais j'aimerais que la Gauche française arrive à faire son unité autour d'une réponse commune à la question : « Quelle organisation scolaire pour diminuer au maximum les discriminations sociales ! Et peut-être que, par surcroît, cela nous aiderait à renouer une partie des liens qui se sont au fil des années distendus !

La Fraternité . Un moment, pendant la précampagne des Présidentielles et la campagne des Primaires du Parti Socialiste, j'ai cru que la politique, la vraie, pas celle qui parle seulement des contraintes mais celle qui essaie aussi de les dépasser, allait enfin s'imposer. Benoît Hamon parlait de « revenu universel » et les réseaux sociaux ne parlaient plus que de cela ! Quand j'étais jeune, car c'est une très vieille idée socialiste, on parlait plutôt de « revenu d'existence » mais l'idée était bien la même : c'était la reconnaissance qu'une société fondée sur le respect de la personne humaine se devait d'organiser ses prélèvements et ses redistributions de façon que chacune et chacun puisse assurer quoiqu'il arrive la satisfaction de ses besoins fondamentaux ! Peut-on rêver fraternité plus aboutie ? Le débat qui s'est engagé sur les étapes m'a paru très intéressant, sans doute aurait-il dû être dit plus clairement au départ que c'était un élément de projet et pas un objectif de législature ; à parler chiffres on a malheureusement fini par oublier l'objet et j'ai retrouvé sans surprise les arguments éculés que je rencontrais dans mes campagnes électorales, du genre « vous ne voulez quand même pas qu'on paye les gens à ne rien faire ! ». Arguments auxquels j'ai répondu de plus en plus sèchement au fil des années, d'abord par un sec « j'imagine que vous n'avez jamais été chômeur ? », puis plus brutalement et droit dans les yeux « j'espère que vous refusez les remboursements de la Sécurité sociale quand vous êtes malade ! ».

*

* *

Reparler aux citoyens de l'horizon projeté peut redonner du sens et de l'intérêt à la politique. Cela ne dispense évidemment pas de l'acte fondamental qu'est l'écoute et le dialogue. Les permanences de campagne et les réunions de cantons avaient cette finalité et, si le candidat ou l'élu s'impliquaient, les quelques pourcents de personne rencontrées avaient vite fait de le faire savoir aux autres. Mais nous vivons maintenant dans un monde de réseaux sociaux, où des centaines, voire des dizaines de milliers, voire même des millions de personnes s'interpellent, échangent des idées, des informations, se fâchent et se retrouvent, et lorsque l'objet des échanges concerne la vie de tout le monde, je répète ce que j'ai dit plus haut : ces personnes, n'en déplaise à certaines, font de la politique !

Alors se pose une question pour l'instant non résolue, et donc qu'il est indispensable de discuter : comment articuler ces réseaux et les partis politiques ? Une réponse simple, qui vient alors à l'esprit de certains, est évidemment de dire : « avec internet, on n'a plus besoin de partis politiques ». Je vais expliquer pourquoi cette idée n'est pas la mienne. Pour ne pas être trop long, je vais, pour motiver ma position, considérer trois des tâches actuelles des partis. Cela dit, je considère qu'on peut être de Gauche et ne pas partager les remarques qui vont suivre…mais je pense que, quelques doivent être les choix à venir, elles peuvent aider au débat aujourd'hui indispensable pour reconstruire la Gauche !

La première tâche est de trouver des propositions qui répondent aux objectifs et à la vision d'un parti de Gauche et aussi aux attentes de ses électeurs. Pour illustrer cette phrase, je dirai que le programme de François Mitterrand comportait le départ à la retraite à soixante ans (ce qui n'est pas l'objectif premier des milieux aisés, exerçant des responsabilités intéressantes), que Michel Rocard défendait le RMI (qui voulait entre autre répondre à la détresse d'une catégorie en pleine croissance : celle des chômeurs en fin de droits), que Lionel Jospin avait porté la semaine de 35 heures (qui permettait au monde du travail, après les congés payés de 36, d'envisager de faire autre chose de ses fins de semaines que se reposer). Ces trois exemples bien sûr n'ont pas été inventés par les Partis : les demandes correspondantes sont venues des adhérents concernés et de la base profonde de la Gauche ; elles sont venues aussi, bien sûr, des syndicats et du réseau des ONG spécialisées : j'en ai mentionné quelques unes dans les chapitres précédents. L'habitude de ces contacts avec les politiques est bien étable : ils se déroulent entre délégations et, si les responsables ne changent pas à un rythme trop élevé, chacun finit par connaître chacun de chaque côté et les échanges sont francs, libres et fructueux. Les propositions ci-dessus seraient probablement remontées par les réseaux sociaux s'ils avaient existé à l'époque, mais noyées parmi beaucoup d'autres et sans la possibilité d'échanges directs : comment organiser un dialogue entre une organisation structurée et un réseau, il y a là une question très concrète qui doit être résolue !

La deuxième tâche d'un parti de gouvernement, une fois qu'il a présenté son programme, est de présenter aussi son financement. Les citoyens-électeurs ont en général de la mémoire, ils savent que personne ne peut raser gratis. Ils sont tout à fait capables d'apprécier les nouvelles avancées qui leur sont proposées mais attachent une légitime attention à l'annonce attendue de « qui va payer quoi » : plus précisément encore, auront-ils eux quelque chose à payer en contre partie des nouveaux avantages promis ! Tout cela est affaire d'experts diront certains, c'est faux : il appartient bien sûr aux experts d'évaluer au mieux le cout du premier projet de programme élaboré ; mais si, comme probable, ce cout dépasse le niveau considéré comme finançable, c'est aux politiques de décider ce qu'on renvoie à plus tard, en choisissant soit de ne pas évoquer la question pendant la campagne, soit de l'évoquer en termes conditionnels : à nouveau, c'est là un choix de stratégie politique ! Dans les différents débats liés à de difficiles arbitrages, ONG et réseaux sociaux peuvent intervenir, voire être sollicités : j'évoquerai plus loin quelques pistes à explorer à cet égard.

Dernière tache enfin, et non la moindre, le choix des candidat(e)s qui devront « porter » le programme, auprès des citoyens vivant dans l'espace géographique correspondant à l'élection concernée bien évidemment, mais aussi dans différents media et, pour le coup certainement, en réponse aux observations des réseaux sociaux interpelant ! Je ne connais en ce qui concerne ce choix que deux méthodes : celle qui est purement descendante et celles qui s'appuient sur le vote des acteurs concernés c'est-à-dire les adhérents. Et comme je persiste à considérer que la France n'est pas une entreprise mais une République, je ne peux imaginer, pour un parti de Gauche en tout cas, de méthode de désignation qui n'appartienne pas à la deuxième catégorie. Pourquoi alors l'emploi d'un pluriel : parce que je crois, de façon réaliste, qu'un choix de candidat€ implique la prise en compte et de la base et du sommet. Premier exemple, évident, les candidatures pour les législatives : il n'y a aucune chance que la parité hommes-femmes, qui fait aujourd'hui partie de nos règles, se réalise spontanément ; deuxième exemple : si une alliance avec un ou plusieurs partenaires implique un partage de circonscriptions, je doute que le volontariat de terrain suffise à régler la question ; dernier exemple, mais le sujet pourrait nourrir un livre, je trouve tout à fait légitime qu'un parti souhaite compter dans ses élus telle ou telle personnalité connue qui améliorera son image et qui accepte (ou demande !) une circonscription. Il y a, en politique comme ailleurs, une notion d'intérêt général qui, si elle est bien fondée, doit s'imposer aux intérêts particuliers ! A ma connaissance, aucune ONG (où alors dans la cadre du point précédent) n'a jamais cherché à interférer dans les processus de désignation du PS ; je conçois que tel ou tel réseau social souhaite promouvoir son action ou son image en engageant telle ou telle de ses figures de proue dans une aventure électorale. Et, à titre tout à fait personnel et pour donner un exemple, la candidature de « lanceurs d'alerte » bien choisis à des élections nationales, me paraitrait de nature à envoyer un signal fort et signifiant à l'électorat de notre pays !

Deux remarques pour terminer ce chapitre.

De même que j'ai proposé dans mon Introduction la tenue d'Etats Généraux de la Gauche, entre les différentes organisations politiques qui se reconnaissent sous cette appellation, afin de voir comment se coordonner pour influencer le sens des années qui viennent, de même je crois qu'il faut arriver à organiser une « rencontre », dont je ne veux surtout pas esquisser la nature, entre « Réseaux sociaux » et organisations politiques. Les intervenants des réseaux sociaux sont en majorité des jeunes (je sais, il y a aussi des retraités car ils ont du temps !) ayant souvent atteint un niveau d'études supérieur à la moyenne des français (bien que la sociologie des participants s'élargisse) : d'un côté, c'est exactement les catégories que les partis ont de plus en plus de mal à recruter et sans lesquelles rien de ce que nous souhaitons se fera ; d'un autre côté ce n'est pas ce que les politologues ont coutume d'appeler « un échantillon représentatif » de la Gauche, **Mais nous partageons je crois trop de valeurs communes, qui peinent à s'imposer dans le Monde inhumain que nous voyons se construire, pour ne pas, en responsabilité, accepter d'envisager une telle « rencontre ».**

Ma deuxième remarque, qui va clôturer ce chapitre et qui plane sur ce livre depuis son début, consiste en en l'introduction d'un mot, celui de « fédéralisme ». Le fédéralisme est une doctrine politico-sociale qu'un enfant de dix ans peut comprendre : le pouvoir doit être exercé au niveau le plus bas possible qui englobe la totalité des personnes concernées par l'effet des décisions prises. Le fédéralisme est trop souvent réduit à sa dimension politique de mode d'organisation des territoires et c'est lui qui a guidé la décentralisation de la France conduite avec persévérance depuis 1981. Mais il a été conçu pour s'appliquer aussi au champ économique et social, tout particulièrement aux entreprises : l'autogestion dans les entreprises yougoslaves a été considéré par une partie de la Gauche française, avant et après 1968, comme une alternative voire un antidote au communisme stalinien. Le fédéralisme est pratiquement inconnu en France pour une raison unique mais déterminante : il a été conçu par Proudhon, que les marxistes n'ont eu de cesse de faire disparaitre du paysage politique des Gauches mondiales : il n'y avait qu'un seul socialisme scientifique, celui de Marx, le reste ressortait de la rêverie utopique et devait disparaitre dans les oubliettes de l'Histoire. Ce projet a été parfaitement réalisé. Il faut dire que Proudhon a sa part de responsabilité dans ce qui est advenu : sa misogynie affichée et largement popularisée lui aliénait d'entrée de jeu un peu plus de la moitié de l'Humanité ! C'est dommage, notamment quand on connait ses propositions de partage des décisions dans la vie des entreprises entre apporteurs de travail et apporteurs de capital, propositions qui continuent à nourrir les réflexions les plus actuelles (cf[15] ou[16]) ! Toujours est-il que les constructions présentées dans ce livre s'inspirent largement des principes du fédéralisme et je voulais le mentionner avant de passer à mon dernier chapitre qui, après le national et l'infranational, va s'adresser au dernier étage de la fusée dont je crois que la Gauche a besoin pour renouer avec la réussite : l'étage supranational.

---

[15] « Repenser le code du capital » (Thomas Piketty, Le Monde des 10 et 11 septembre 2017).

[16] « L 'Europe contre la mondialisation », (Gérard Fuchs, Editions L'Harmattan).

CHAPITRE 17

Pour une cinquième internationale

La Gauche : ces deux mots font sens pour tous les Français et, au-delà, pour tous les européens et tous les peuples liés à ou ayant connaissance de la culture politique européenne. La Gauche regroupe les partis, syndicats, associations qui se battent pour que le progrès social accompagne les progrès économique et technique et pour que les bénéfices de ces derniers soient équitablement partagés, ce qui ne va pas de soi c'est une évidence historique ! La Gauche, c'est la place qu'occupent les élus se réclamant de cette perspective dans les hémicycles parlementaires. Pour l'Histoire, c'est le côté où se regroupèrent, le 17 juin 1789, ceux qui voulurent manifester leur refus du véto du roi de France à la décision des Etats Généraux de se transformer en Assemblée Nationale Constituante !

La base sociale de la Gauche a donc toujours été naturellement constituée de tous les laissés pour compte du « progrès ». Et, dans la deuxième moitié du XIXème siècle, où triomphait en Europe et aux Etats Unis le capitalisme industriel, cette base c'était d'abord les ouvriers, quelle que soit leur nationalité bien évidemment. En 1864 nait à Londres l'« Association Internationale des Travailleurs », rebaptisée ultérieurement « Première Internationale ». A son congrès de Genève, en 1866, elle se battait déjà contre le travail des enfants et pour la journée de huit heures ! Mais l'hétérogénéité des adhérents – ouvriers et artisans, militants politiques et syndicaux – rend la définition d'un programme difficile. C'est l'époque du conflit entre Marx, qui veut que la priorité soit donnée à la création de Partis ouvriers dans chaque pays, et Bakounine qui plaide pour une structure beaucoup moins dirigiste et acceptant l'idée de priorités nationales. Malgré l'exclusion de ce dernier en 1872, le congrès de Philadelphie en 1876 enregistre la poursuite des désaccords ; l'impasse constatée conduit à décider la dissolution de l'AIT.

Le vide étant la moins efficace des formules, un congrès se réunit à Paris en 1889, qui décide de la fondation d'une « Internationale ouvrière », qui entrera dans l'Histoire sous le nom de « Deuxième Internationale ». La réussite de la Révolution russe de 1917 conduit à la création par Lénine en 1919 d'une « Troisème Internationale » ou « Internationale communiste », qui matérialise les prescriptions de Marx. Son siège officiel sera à Berlin jusqu'en 1933, puis à Paris, elle sera dissoute en 1943. Le fameux Congrès de Tour en 1920 voit la SFIO (Section Française de l'Internationale Ouvrière), créée en 1905 notamment par Jaurès, éclater : une majorité accepte les fameuses 21 conditions posées par Moscou et devient le Parti Communiste Français ; une minorité les refuse et maintient SFIO et Deuxième Internationale. En 1938, la rupture de Trotski avec Staline, engagée dès les années vingt, conduit le premier à fonder une « Quatrième Internationale », qui éclatera après son assassinat à Mexico en 1940. La montée du Nazisme en Allemagne et en Europe centrale, accompagnée de la liquidation de la social-démocratie, puis la Deuxième guerre mondiale, ouvrent une parenthèse tragique, où les appartenances nationales reprennent le pas sur les engagements politiques.

A l'issue de la guerre, seule subsiste la Deuxième Internationale. Sa revitalisation suppose la reconstitution de ses partenaires d'Europe centrale, ce qui sera fait grâce notamment au personnage incontesté qu'est Willy Brandt. Et c'est ainsi que renait, en 1951, une Deuxième Internationale qui s'appellera simplement Internationale Socialiste ou IS : il n'y a plus qu'elle pour revendiquer le titre…

Ces rappels, que j'imagine trop brefs pour certains lecteurs et trop longs pour d'autres, constituent cependant une toile de fond nécessaire pour comprendre la situation de la Gauche aujourd'hui, en France et dans le monde. L'IS, sous l'impulsion de Présidents exceptionnels, Willy Brandt (de 1976 à 1992) et Pierre Mauroy (de 1992 à 1999) va se transformer d'organisation européenne en organisation mondiale, accueillant successivement des partis latino-américains, puis africains, puis méditerranéens. Certains choix lui seront ensuite reprochés : en Amérique latine, des partis d'opposition aux dictatures militaires soutenues par les Etats Unis, se révèleront après leur chute être plus à Droite qu'à Gauche ; en Afrique et en Méditerranée, certains partis accueillis avec enthousiasme (je pense par exemple au RCD de Benali après la disparition de Bourguiba) finiront par ressembler à leurs prédécesseurs. Les statuts n'avaient pas vraiment prévu de procédures d'exclusion mais les remises en ordre finirent en général par se faire ! Et j'avoue que pour ma part, ayant suivi les activités de l'IS pour le PS de 1988 jusqu'en 2012, ce qui me chagrinait le plus était un certain nombre d'absences, notamment de partis de pays émergents appartenant au G20, ce qui me paraissaient constituer une faiblesse. Je pense notamment à l'ANC d'Afrique du Sud, que nous avions pourtant bien soutenu au long de la lutte contre l'apartheid : mais l'adhésion s'est faite en 2011, ce qui a permis un beau congrès au Cap en 2012 ; je pense au

Parti des Travailleurs brésilien, dont les racines trotskistes ne pouvaient constituer un motif éternel de non accueil (pour être franc, le soutien longtemps maintenu de l'IS à un parti social-démocrate estimable, mais pas complètement de gauche, ne donnait pas non plus envie au PT d'être demandeur !) ; je pense enfin au Parti du Congrès de l'Inde, certes resté très soucieux de non alignement mais dont la présence à l'époque aurait je pense représenté un plus pour tous !

Quelle est alors, tout cela ayant été dit, l'utilité actuelle de l'IS ? Je lui trouve pour ma part une utilité évidente dans deux domaines. D'abord, c'est un lieu de rencontre exceptionnel : un conseil ou un congrès de l'IS est une opportunité de faire un véritable tour du monde en 48 heures, en rencontrant des progressistes, sociaux-démocrates ou socialistes de 140 pays, en échangeant avec eux sur leurs analyses, leurs difficultés, leurs programmes ; et puis il se noue des liens, voire des amitiés, qui génèrent ensuite des invitations pour des articles, des colloques voire des campagnes . Et se tisse ainsi un véritable réseau mondial : on sait à qui s'adresser pour comparer des points de vues sur un nombre incroyable de sujets, pour avoir un regard « étranger » sur tel pays ou tel problème. Et on a finalement le sentiment que le monde est plus petit et moins complexe qu'on ne le pensait avant ! Ensuite l'IS possède à tout moment une quinzaine de groupes de travail du meilleur niveau, qui se concluent par des rapports le plus souvent très intéressants sur les grandes questions auxquelles les Gauches de tous les pays essaient d'apporter des réponses : la croissance des inégalités, la montée du chômage au Nord, la quasi inexistence des droits sociaux au Sud, les moyens de lutte contre le changement climatiques, etc…le tout accompagné de propositions le plus souvent pertinentes.

Mais ensuite, s'il m'est demandé de répondre à la question : l'Internationale Socialiste a-t-elle aujourd'hui une influence sur l'évolution du monde, je répondrai, tranquillement et sans culpabilité parce que ce que je vais dire je l'ai déjà dit et écrit ailleurs[17] et pour d'autres : aucune !

*

* *

Au Congrès du Cap, le dernier auquel j'ai assisté, il y a eu une tentative de révolte contre cet état de fait, que je ne suis évidemment pas le seul à constater. A la surprise quasi générale, au moment du vote habituellement quasi formel pour la reconduction du Secrétaire Général, une deuxième candidature se déclare et pas n'importe laquelle, celle de l'ancienne Présidente du Parti social-démocrate suédois, un des partis fondateurs de l'IS ! Et son discours est celui que j'attendais et que je proposais depuis des années, avec notamment cette phrase : « Je veux que l'Internationale socialiste ne soit plus seulement une voix pour le changement, je veux qu'elle soit également un outil pour le changement » ! Lancée trop tardivement et mal préparée (la délégation française n'était même pas au courant), la candidature échoua de dix voix seulement… mais a marqué une prise de conscience positive de la situation.

Je pense alors qu'il faut maintenant qu'un courant s'organise au sein de l'IS, porteur de deux propositions : la première est de transformer l'IS en en faisant un outil d'influence politique en direction des institutions internationales en situation de décision ; la deuxième est d'accroitre son rayonnement en tissant des liens tant avec les grandes ONG internationales qui partagent nos valeurs

[17] Voir « Internationale socialiste, la refondation ou le déclin ». NOTE n°146, Fondation Jean Jaurès, par Gérard Fuchs.

qu'en direction des réseaux sociaux qui sont en train de devenir de véritables groupes de pression à l'influence planétaire. Ces deux propositions correspondent à une volonté simple : créer au-delà des ONG et des réseaux mentionnes au chapitre 14, un instrument qui globalise leur action et devienne la force politique qui défend et promeut les valeurs et les propositions de la Gauche au niveau planétaire.

*

* *

Passons alors à l'essentiel : d'abord, la mutation de l'IS de « Club où l'on dit » à « Mouvement où l'on fait » peut-elle être sérieusement envisagée ? Un argument majeur en ce sens est évidemment que, si les progressistes de la planète ne sont pas capables de s'organiser afin d'agir pour un autre monde, personne ne le fera à leur place ! C'est l'argument de nécessité, qui peut être favorablement accueilli par beaucoup.

Ensuite, c'est le cœur de la difficulté, il faut arriver à dépasser la contradiction sur laquelle l'Organisation des Nations Unies butte sans fin pratiquement depuis ses débuts : là où l'on décide à la majorité (l'Assemblée générale) personne n'a l'obligation d'agir, et là où l'on a obligation d'agir (le Conseil de Sécurité) l'unanimité est la règle, ce qui conduit le plus souvent à un blocage !

Je lance donc pour débat la proposition suivante pour l'IS :

- L'IS sélectionne un nombre très réduits d'objectifs, acceptés comme prioritaires par l'unanimité de ses membres (hors abstention).
- Ses membres qui sont au gouvernement (il y en a une cinquantaine aujourd'hui) s'engagent soit à mettre en œuvre ces objectifs, soit à les défendre

dans les instances internationales concernées (ONU, OMC, G20,…) si une mise en œuvre unilatérale n'est pas possible. Sinon, ils doivent justifier de leur impossibilité à faire et motiver précisément les raisons de leur refus

- Ses membres qui sont dans l'opposition s'engagent à mettre ces objectifs dans leur programme et à les promouvoir dans leurs campagnes. Sinon ils doivent également motiver les raisons de leur refus.

Voyons alors ce que pourrait donner cette méthode en choisissant les objectifs évoqués ci-dessus parmi les propositions que j'ai sélectionnées dans la troisième partie du livre avec, je peux l'avouer maintenant, l'arrière-pensée d'en utiliser quelques unes pour cet exercice final ! Ma préoccupation pour le choix sera double : choisir des objectifs dans des champs très différents pour tester et valider que la proposition ci-dessus est bien opérationnelle ; choisir un panel qui, dans sa globalité, caractérise sans discussion possible une politique de Gauche.

Mon choix pour ce faire est alors constitué de six objectifs :

- **1 L'instauration d'une Taxe carbone** : j'ai montré à travers l'exemple de l'Union Européenne les failles inévitables des solutions de marché ; à l'inverse la taxe à la suédoise, avec sa progressivité et son horizon assez long, a entrainé à la fois réduction des émissions et mutation des process de production. Bien évidemment, le choix des paramètres de la taxe doit rester de la responsabilité de chaque pays ou groupe de pays, pour autant bien sûr que ces paramètres se montrent efficaces.
- **2 La fixation d'un taux mondial minimal pour l'IS prélevé sur le bénéfice consolidé des Firmes Multinationales.** J'ai fait ce choix car je crois plus

facile de mettre le G20 d'accord sur cet objectif, générateur de ressources accrues pour tous les gouvernements, que sur une forme ou une autre de « Taxe Tobin », dont l'assiette est toujours difficile à définir ; elle ne doit pas être oubliée pour autant.

– **3 La gratuité d'accès, pour les pays les moins avancés, aux brevets couvrant la création d'énergie par des technologies non carbonées**, le financement étant à la charge du Fonds vert. La mise en œuvre de cette mesure très précise ne doit pas empêcher de poursuivre le débat sur la reconnaissance nécessaire du concept de « bien public mondial ».
– **4 Toute décision de l'OMC impactant le commerce des biens culturels ne doit entrer en vigueur pour ceux-ci qu'après un avis favorable de l'Unesco.** Cette petite phrase ouvre, j'en ai bien conscience, une véritable guerre. Mais cette guerre est aussi vieille que l'Humanité : tout ce qui a une valeur doit-il aussi avoir un prix ? On a fini par bannir la vente des humains ; le bannissement de la vente de morceaux d'humains se met difficilement en place ; je souhaite que demain, certaines créations des hommes et de la nature soient reconnues « biens publics mondiaux ».
– **5 Tout pays ne respectant pas l'article 23 de la Déclaration Universelle des Droits de l'Homme peut voir taxer ses exportations.** Le Droit de fonder des syndicats et de s'y affilier est la condition première de la mise en œuvre des règles de base du droit du travail tel qu'il est défini par l'OIT. Il serait très intéressant politiquement de voir comment réagirait l'OMC face à une décision de cette nature prise par un nombre significatif de pays gouvernés par des Partis membres de l'IS…

- **6 La protection par la loi des lanceurs d'alerte et des ONG relayant leurs informations.** Il y a là un potentiel extraordinaire de révélation de pratiques contraires aux lois existantes dans tous les domaines. J'ai évoqué longuement celui de la fraude fiscale mais la gestion de la commercialisation des produits phyto sanitaires pour ne citer qu'elle, n'est semble - t - il pas sans conduire à utiliser parfois des produits nuisibles pour l'environnement ou la santé…

Encore une fois, ce livre ne se veut pas un programme exhaustif et indiscutable ! Mon but n'est que d'ouvrir des pistes de réflexion et d'action qui pourraient aider Gauche française et Gauche internationale à dépasser leurs difficultés actuelles.

*

*   *

Dernière réflexion alors : comme je l'ai suggéré au niveau national, il me semble tout à fait essentiel - et de l'intérêt de tous les acteurs - qu'une IS ayant clairement engagé son « aggiornamento » prenne contact avec les ONG internationales et les réseaux concernés par ses activités, afin d'échanger sur des actions et des réflexions qui peuvent se recouper. En ce qui concerne l'IS, ce pourrait être particulièrement dans le domaine des objectifs qu'elle aura sélectionnés pour lancer ses « actions prioritaires » où, pour utiliser un jargon de l'Union Européenne qui pour une fois dit clairement ce qu'il veut dire, ses « coopérations renforcées ».

Je me garderai bien, une fois encore, d'évoquer les lendemains possibles d'une telle rencontre. Mais après tout, ce paragraphe étant le dernier avant ma conclusion, je me permettrai à mon tour une phrase de rêve. « I have a dream » : **pourquoi n'existerait-il pas un jour sur cette planète, à la fois désespérante et unique, un « Mouvement Planétaire pour le Respect de le Dignité Humaine » ? Tout simplement.**

CONCLUSION

Au terme de la rédaction de ce livre, je comprends mieux pourquoi j'ai voulu l'écrire !

La Gauche française, mais aussi la Gauche européenne et ce qu'on peut ranger dans la catégorie « Gauche du reste du monde », sont aujourd'hui divisées pour l'essentiel entre deux courants, que je trouve également décevants.

Le premier courant, parfois appelé social-libéral, a le sentiment que les contraintes extérieures - technologiques, financières, etc…- sont devenues aujourd'hui trop fortes pour être mises en cause par un pays de taille moyenne comme la France. Un programme de gouvernement réaliste doit donc se fixer des objectifs compatibles avec ces contraintes, sous peine de décevoir à nouveau et d'alimenter l'Extrême Droite une fois encore : il faut éviter « la fois de trop » ! Le raisonnement a sa logique. Mais la déception peut être encore plus grande s'il n'y a même plus d'alternative proposée ; et la position du Front National alors se verra encore plus vite renforcée !

Le deuxième courant, que j'imagine également conscient des réalités du monde, s'est donné comme stratégie de l'ignorer. D'autant qu'il n'y trouve plus guère de partenaires de son choix : en Espagne, le Podemos des premières années se voit absorbé par ses querelles stratégiques internes ; en Grèce, Alexis Tsipras a finalement préféré un « bon tiens » à un « tu l'auras » et a fait le choix de rester dans l'Euro ; quant au Venezuela, il arrive un moment où, même pour un passionné de l'Amérique latine, la réalité du régime commence à être trop éloignée du souhaitable ! Je reconnais cela dit que la stratégie du deuxième courant a un avantage sur celle du premier : elle permet de faire rêver les jeunes ; et, comme je l'ai dit plus haut en parlant de Michel Rocard, je n'imagine pas qu'on s'engage sans rêve en politique. Mais un rêve qui n'est qu'un rêve est en réalité un sommeil !

Pour ma part, j'entends refuser le choix entre social libéralisme et romantisme révolutionnaire : la mondialisation existe et j'ai essayé de montrer qu'on peut en changer les règles.

J'ai voulu faire partager cette vue car je suis convaincu que, sur ces bases, le rassemblement des composantes aujourd'hui dispersées de la Gauche française serait possible et qu'elle pourrait alors renouer avec sa raison d'être : changer la vie !

Je suis convaincu qu'alors, le dialogue avec les organisations syndicales, les ONG, les réseaux sociaux serait possible et permettrait de voir apparaitre des propositions et des stratégies nouvelles. Je suis convaincu que les Gauches des autres pays européens seraient elles aussi intéressées : ne sent-on pas partout en Europe, comme un réveil des Gauches, qui se présentent à nouveau avec leurs valeurs fondatrices, celles qui peuvent entrainer les masses et faire émerger ce monde nouveau, gouverné ni par l'argent, ni par la force mais par des règles communes, fondées sur le respect de la dignité humaine c'est à dire sur la maxime qui ouvre et qui ferme ce livre « Ma liberté s'arrête quand la liberté des autres est menacée ».

Je conclus alors par une dernière remarque : il faut faire vite, très vite, car les menaces dans notre monde actuel non régulé s'accumulent :

- Vite, très vite, car la prolifération des armes nucléaires s'accélère : j'ai défendu longtemps le concept de dissuasion car les premiers détenteurs de ces armes, qu'ils soient ou non démocrates, me paraissaient être gens rationnels. Mais il semble qu'aujourd'hui il y ait au moins deux fous parmi ceux qui pourraient appuyer sur le bouton fatal !
- Vite, très vite, car le dérèglement climatique d'origine anthropique s'accélère, alors que la mise en œuvre des décisions prises à Paris en 2015 piétine. Le volontariat des engagements pris a facilité les accords mais, faute d'une autorité politique reconnue pour leur suivi, la mise en œuvre de ces engagements, déjà insuffisants, prend du retard.
- Vite, très vite, car les damnés de la terre s'impatientent. Ils commencent à quitter leurs zones de sècheresse ou d'inondations ou de guerres et marchent vers des cieux qu'ils savent meilleurs. Que prévoit pour le futur, une Union Européenne déjà incapable, avec ses structures de décision actuelles, d'accueillir les réfugiés du Moyen Orient ?
- Vite, très vite, car la désespérance des laissés pour compte des pays riches pourrait, si rien ne change pour eux, ressusciter une bête immonde que l'on croyait avoir anéantie il y a soixante-douze ans.

Oui, le temps presse, et ce ne sont pas les tenants des dérégulations qui ont façonné le monde où nous vivons qui apporteront les bonnes réponses. Il faut une meilleure répartition des richesses, une meilleure dissémination de l'éducation et de la santé, il faut des règles économiques et sociales qui permettent à chacun de vivre dans la dignité.

La responsabilité de la Gauche française est aujourd'hui considérable. Puisse le jugement qui sera

porté sur elle demain, lui donner acte qu'elle aura pris en compte à temps les défis auxquels nous sommes confrontés !

Saint Saby, le 11/9/2017

POLITIQUE

AUX ÉDITIONS L'HARMATTAN

Dernières parutions

RÉFORMER L'ADMINISTRATION ET RÉFORMER L'ÉTAT
Jalons historiques et juridiques
Sous la direction de Sébastien Evrard
Le thème de la réforme est un élément permanent du discours politique et un enjeu essentiel du débat démocratique : ceux qui n'ont pas le pouvoir en font un objectif de leur programme qui justifie leur combat ; ceux qui détiennent l'autorité prônent la réforme et le changement pour justifier leur maintien au pouvoir. Ces contributions traitent des réformes dans le temps et l'espace, réformes rêvées, réformes tentées, inachevées ou réussies de la République romaine aux Révolutions arabes d'aujourd'hui.
(Coll. Questions contemporaines, 26.00 euros, 252 p.)
ISBN : 978-2-343-05789-7, ISBN EBOOK : 978-2-336-37445-1

LE TOURNANT ENVIRONNEMENTAL DE LA POLITIQUE AGRICOLE COMMUNE
Débats et coalitions en France, en Hongrie et au Royaume-Uni
Ansaloni Matthieu
Après avoir retracé, à l'échelle européenne, la définition des mesures agroenvironnementales, l'auteur compare les politiques agroenvironnementales menées dans différents pays d'Europe. L'analyse suggérée repose sur une vaste enquête empirique, conjuguant les méthodes sociologiques et ethnographiques. Cet ouvrage propose une lecture originale d'une politique européenne : il considère ses changements aux échelles européenne, nationale et régionale et les analyse à travers l'examen des débats publics qui les ont générés.
(Coll. Logiques politiques, 37.50 euros, 372 p.)
ISBN : 978-2-343-05906-8, ISBN EBOOK : 978-2-336-37403-1

RENAÎTRE, OU DISPARAÎTRE
Borel Félicien
L'auteur approfondit ici quelques idées sur des sujets majeurs. La nature qui nous entoure est notre seul habitat. Il est important de réfléchir sur les périls qui la menacent. Les responsables qui conduisent leur pays arrivent à des carrefours où il faut choisir les bonnes voies. Il convient aussi de préparer l'avenir par une éducation appropriée et de nous préoccuper de notre langue. Notre civilisation se trouve aujourd'hui face à un avenir incertain : elle peut renaître ou risquera de disparaître.
(Coll. Questions contemporaines, 30.00 euros, 300 p.)
ISBN : 978-2-343-04388-3, ISBN EBOOK : 978-2-336-36094-2

NATION (LA) OU LE CHAOS
Manifeste pour le renouveau
Myard Jacques
Notre pays est-il condamné à voir croître jour après jour le nombre de chômeurs et de ceux qui partent tenter ailleurs leur chance ? Jusqu'à quand acceptera-t-il de laisser à Bruxelles et à l'Amérique le soin de décider à sa place ? Faut-il jeter la Nation aux orties ? L'auteur démasque derrière les maux de la France les renoncements, les pièges et les chimères, qui, de l'euro à la repentance, lacèrent notre pacte social. Il appelle à un renouveau qui partira d'une nation fière et confiante en ses atouts.
(16.50 euros, 160 p.)
ISBN : 978-2-343-04846-8, ISBN EBOOK : 978-2-336-36251-9

DE LA COLÈRE EN L'OCCIDENT FANTÔME
Essai
Teixeira Vincent
L'Occident n'a cessé de bruire de colères, masquant sa volonté de puissance sous la bannière de «la civilisation». Mais son devenir récent inquiète, tant la domination techno-industrielle, l'hyperconsommation, la religion du progrès s'avèrent aussi aventureuses qu'empoisonnées. Aux mutilations de la planète s'ajoutent la domestication des esprits. La colère ne devrait-elle pas renouer avec les pouvoirs de la parole, comme contre-poison et refus de consommer le monde ?
(12.00 euros, 106 p.)
ISBN : 978-2-343-04859-8, ISBN EBOOK : 978-2-336-36192-5

CONTRAT (LE) CITOYEN
Essai sur la réduction des inégalités politiques et socio-économiques pour un monde meilleur
Diouf Lamine Diack
L'auteur préconise la mise en œuvre à l'échelle planétaire d'une politique de concertation et de collaboration entre les peuples pour mettre en place des solutions justes et durables. Seuls les citoyens peuvent ressusciter le droit, la vertu et la solidarité. Ce livre, en plus de rafraîchir la mémoire en revisitant l'histoire de la République de l'Antiquité à nos jours ainsi que les textes des grands penseurs, est fondateur du XXIe siècle et utile pour un futur meilleur.
(24.00 euros, 240 p.)
ISBN : 978-2-296-99887-2, ISBN EBOOK : 978-2-336-36026-3

MISÈRE DE LA DÉMOCRATIE
Pour une réingénierie de la politique
Cognard Alain
Après un siècle de guerres planétaires, un siècle de pillage et d'escroquerie prend racine. Comment les peuples pourront-ils reprendre la main et retrouver un intérêt commun dans la poursuite d'une aventure humaine devenue si fragile ? La réponse tient dans le développement spectaculaire des compétences des individus et des groupes qui peuvent aujourd'hui commencer une réingénierie de la politique et évincer ceux qui profitent du système au lieu de le réformer.
(Coll. Questions contemporaines, 24.00 euros, 230 p.)
ISBN : 978-2-343-04171-1, ISBN EBOOK : 978-2-336-36126-0

C'ÉTAIT LA DÉMOCRATIE
Anthologie commentée de textes sur la démocratie antique, ses réussites et ses dérives
Ségur Philippe
Voici une présentation attractive et commentée de la démocratie athénienne à travers les textes d'historiens, de philosophes, d'orateurs, de tragédiens, de poètes comiques de l'Antiquité : Eschyle, Sophocle, Euripide, Aristophane, Hérodote, Thucydide, Platon, Isocrate, Aristote, Eschine, Démosthène. On comprend combien leur approche de la politique était moderne et à quel point certaines difficultés de l'époque sont proches de celles que nous connaissons aujourd'hui.
(Coll. Logiques Juridiques, 14.00 euros, 140 p.)
ISBN : 978-2-343-04441-5, ISBN EBOOK : 978-2-336-35984-7

POUVOIRS, IMPOSTURES
Du mensonge à l'encontre des peuples
Péruisset-Fache Nicole
Afin d'accepter sa condition, notre espèce a, au cours de sa longue histoire, eu recours aux dieux censés gouverner les affaires humaines. Néanmoins, au fil du temps et des progrès techniques et scientifiques, des substituts matériels tels que l'argent, la consommation, et l'omniprésence des médias de masse les ont remplacés. Recours aux dieux ou à des substituts sont sous-tendus par les pratiques d'imposture des puissants à l'encontre des peuples. Ce sont ces pratiques des puissants que cette analyse tente de mettre en lumière pour, si possible, permettre de les déjouer.
(Coll. Questions contemporaines, 22.00 euros, 224 p.)
ISBN : 978-2-343-04788-1, ISBN EBOOK : 978-2-336-36091-1

MER (LA) ROUGE OU L'ÉPREUVE DU DEUX
Ramond Michèle
Le monde actuel nous alarme par ses divisions intolérables et criminelles. Injustices, inégalités, sexisme, misogynie, homophobie, haine de l'autre, meurtres et guerres tous azimuts imposent jour après jour le fantôme d'un Dieu Deux terrifiant et cruel. Cet essai examine l'état divisé de notre société mais il s'efforce aussi de trouver des remèdes à ses maux : dans ces moments de grâce il rencontre les propositions de la littérature et il se transforme parfois en une rencontre amoureuse sur les bords de la Mer Rouge.
(Coll. Créations au féminin, 16.50 euros, 168 p.)
ISBN : 978-2-343-04738-6, ISBN EBOOK : 978-2-336-36183-3

DES ÉTATS *DE FACTO*
Abkhazie, Somaliland, République turque de Chypre nord...
Bonnot Maurice
Anomalies du système international, les États de facto, autoproclamés, non reconnus, existent malgré le vide juridique dans lequel ils sont relégués, tels l'Abkhazie, le Haut-Karabagh, le Kossovo, l'Ossétie du Sud, la République turque de Chypre nord, la Transnistrie, la RASD (République Arabe Sahraouie Démocratique). Nombre de leurs aspects sont d'une normalité avérée, loin des

clichés de terres laissées à l'anarchie que certains se plaisent à opposer aux États souverains, ordonnés et stables.
(27.00 euros, 264 p.)
ISBN : 978-2-343-04074-5, ISBN EBOOK : 978-2-336-36121-5

PEUPLES AUTOCHTONES ET INDUSTRIES EXTRACTIVES
Mettre en œuvre le consentement, libre, préalable, informé
Sous la direction de Cathal Doyle et Jill Carino.
Trois organisations britanniques de la société civile ont établi, avec des représentants autochtones, un consortium pour le développement d'un projet visant à rendre effectif, dans l'industrie minière, le consentement préalable, libre et informé (FPIC en anglais, CPLI en français). Le présent rapport doit servir de base pour le dialogue. Il comprend à la fois des éléments de droits, le point de vue des autochtones, des études de cas aux Philippines, Canada, Panama et identifie les principaux enjeux et perspectives.
(Coédition GITPA / IWGIA France, Coll. Questions autochtones, 20.00 euros, 186 p.)
ISBN : 978-2-343-04698-3, ISBN EBOOK : 978-2-336-35993-9

OCÉAN ALERTE ROUGE
Chroniques d'un désastre annoncé
de Pompignan Nathalie, Albanel Constance – Préface de Bertrand de Lesquen
L'océan occupe 70% de la surface de notre planète. Vaste, on le croit indestructible. Il ne l'est pas. Désormais nous le savons, sa santé est en péril : immenses zones marines mortes, continent de plastique, disparition de récifs coralliens... A partir de données scientifiques et d'études reconnues, ce livre dresse un état des lieux des menaces, des risques et des actions collectives en cours sur le sujet.
(26.00 euros, 258 p.)
ISBN : 978-2-343-03817-9, ISBN EBOOK : 978-2-336-35675-4

FIN (LA) DU CAPITAL
Pour une société d'émancipation humaine
Prone André – Préface de Samir Amin
L'interventionnisme militaire, l'accaparement par les grandes puissances internationales des terres et des ressources des pays tiers, la montée des néofascismes, la profondeur de la crise généralisée, tout cela mène l'auteur à faire l'hypothèse de la fin du capital et de l'imminence d'une nouvelle phase historique. A partir de cette probabilité signifiante, il approfondit la matrice écomuniste dans le prolongement de la pensée marxienne, tout en recherchant le meilleur moyen d'ouvrir la voie à une société d'émancipation humaine.
(Coll. Questions contemporaines, 15.00 euros, 154 p.)
ISBN : 978-2-343-03950-3, ISBN EBOOK : 978-2-336-35369-2